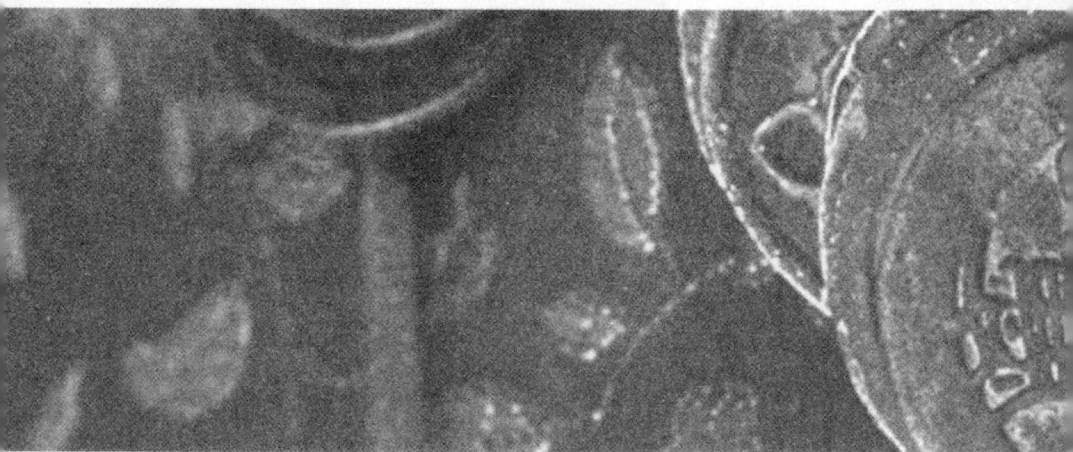

Zhongguo Wenhua
Zhishi Duben

中国文化知识读本

主编 金开诚

古代钱币

编著 黄二丽

吉林出版集团有限责任公司

吉林文史出版社

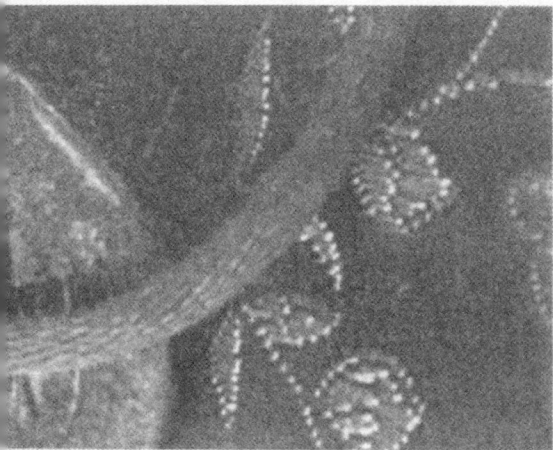

图书在版编目（CIP）数据

古代钱币 / 黄二丽编著 . 一长春：吉林出版集团
有限责任公司：吉林文史出版社，2009.12（2022.1 重印）
（中国文化知识读本）
ISBN 978-7-5463-1259-0

Ⅰ . ①古… Ⅱ . ①黄… Ⅲ . ①古钱（考古）– 简介 –
中国 Ⅳ . ① K875.6

中国版本图书馆 CIP 数据核字（2009）第 223034

古代钱币

GUDAI QIANBI

主编/ 金开诚　编著/黄二丽

项目负责/崔博华　责任编辑/曹恒　于涉

责任校对/王明智　装帧设计/曹恒

出版发行/吉林文史出版社　吉林出版集团有限责任公司

地址/长春市人民大街4646号　邮编/130021

电话/0431-86037503　传真/0431-86037589

印刷/三河市金兆印刷装订有限公司

版次/2009 年 12 月第 1 版　2022 年 1 月第 5 次印刷

开本/650mm×960mm　1/16

印张/8　字数/30千

书号/ISBN　978-7-5463-1259-0

定价/34.80元

关于《中国文化知识读本》

　　文化是一种社会现象，是人类物质文明和精神文明有机融合的产物；同时又是一种历史现象，是社会的历史沉积。当今世界，随着经济全球化进程的加快，人们也越来越重视本民族的文化。我们只有加强对本民族文化的继承和创新，才能更好地弘扬民族精神，增强民族凝聚力。历史经验告诉我们，任何一个民族要想屹立于世界民族之林，必须具有自尊、自信、自强的民族意识。文化是维系一个民族生存和发展的强大动力。一个民族的存在依赖文化，文化的解体就是一个民族的消亡。

　　随着我国综合国力的日益强大，广大民众对重塑民族自尊心和自豪感的愿望日益迫切。作为民族大家庭中的一员，将源远流长、博大精深的中国文化继承并传播给广大群众，特别是青年一代，是我们出版人义不容辞的责任。

　　《中国文化知识读本》是由吉林出版集团有限责任公司和吉林文史出版社组织国内知名专家学者编写的一套旨在传播中华五千年优秀传统文化，提高全民文化修养的大型知识读本。该书在深入挖掘和整理中华优秀传统文化成果的同时，结合社会发展，注入了时代精神。书中优美生动的文字、简明通俗的语言、图文并茂的形式，把中国文化中的物态文化、制度文化、行为文化、精神文化等知识要点全面展示给读者。点点滴滴的文化知识仿佛繁星，组成了灿烂辉煌的中国文化的天穹。

　　希望本书能为弘扬中华五千年优秀传统文化、增强各民族团结、构建社会主义和谐社会尽一份绵薄之力，也坚信我们的中华民族一定能够早日实现伟大复兴！

目录

一　古代钱币发展概述

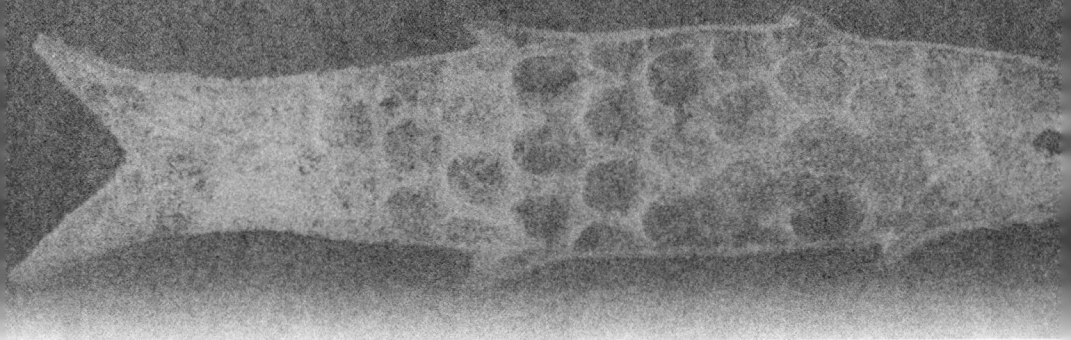

（一）先秦时期的钱币

先秦时期的钱币，也就是秦始皇统一中国以前出现的钱币，包括原始钱币（贝币）、金属称量货币和金属铸币等。中国古代钱币起源于何时？这个问题在《史记》等古籍中记载得太简略了，后人也怀疑其真实性。新中国建立后的考古发掘材料证明，夏代时期已经出现了贝壳，但是否用作货币还不能证明，不过商代使用贝币已经没有多大疑问了，这主要根据的是甲骨文和金文的有关记载。春秋战国时期，诸侯称霸，各占一方。文化上百家争鸣，经济上高度繁荣发达，流通的金属货币，形式也多种多样，而且因地而异，

中国是世界上最早使用铸币的国家

古代钱币

古代钱币能够反映古代社会的经济情况

各不相同。有布币、刀币、圆形钱、楚铜贝、楚金币等，以赵国的铲币、齐国的刀币、秦国的圆形方孔钱、楚国的蚁鼻钱最为著名。铲币形似微型的农具铲，首空可以纳柄。由于铲形农具古称"钱"，故铲形币亦称"钱"，"钱"也就逐渐成了货币的通称，沿用到了今天。刀币也称为"刀化"，其形状源自工具刀。秦国的圆形方孔钱影响最为巨大。楚币上有两种常见的铭文，难以识别，形似蚂蚁，所以人们以这两种钱币的特征统称这类钱币为"蚁鼻钱"。据记载，先秦时期也有用黄金和布帛作为货

先秦刀币

币的。先秦时期的这些钱币带有浓厚的地方色彩，对历史研究具有重大的意义，虽然目前还有很多问题没有解决，但是随着文物研究的深入，对先秦时期的钱币和历史会有更深入、全面的了解。

（二）秦汉三国两晋南北朝时期的钱币

秦王嬴政统一中国以后，经济迅速发展，商品流通也日益兴盛，从此进入了我国古代商品经济发展的第一个高峰期，在这个基础上渐渐形成了我国历史上第一个结构规范完整的钱币体系。秦王嬴政（公元前 210 年）颁布了中国最早的钱币法，用秦国的钱币代替各国钱币，并下令废弃各国的旧钱币，在全国范围内使用秦国圆形方孔的"半两钱"。史书记载半两钱重约 8 克。钱币的统一，结束了中国古代钱币形状各异、重量悬殊的情况，是我国古代钱币史上由形状杂乱向形状整齐规范的一次重要变革，也是我国历史上的第一次重要的钱币改革。这种具有宇宙观"地方天圆"含义的半两钱形制从这个时候固定下来，一直沿用到民国初期，通行了两千多年，成为中国钱币发展史上的一座重要的里程碑。

汉代初年，郡国可以自由铸造钱币的政策，造成了钱币使用的混乱。汉武帝（公

战国"莆子"方足布异书

古代钱币发展概述

元前 113 年）将铸造钱币的权力收回中央，并且下令铸造新的"五铢钱"(24 铢为 1 两)，由上林三官统一铸造，这是中国历史上第一次全面地完成了货币的标准化的工作，也是第一个由国家铸造钱币的工场，确定了中央政府对钱币铸造、发行的专有权力。此后，历代铸造钱币都是由中央直接管理的，这对稳定各个朝代的经济和政治起了重要的作用。而且五铢钱具有轻重适宜、大小适中的特点，因此被称为"长寿钱"，后来一直流通了大约七百年（据考证最后一个使用五铢钱的朝代是隋朝），成为我国历史上通用时间最长、最成功的货币。

两汉之际（王莽时代）是我国钱币发行

战国"武"斜肩空首布

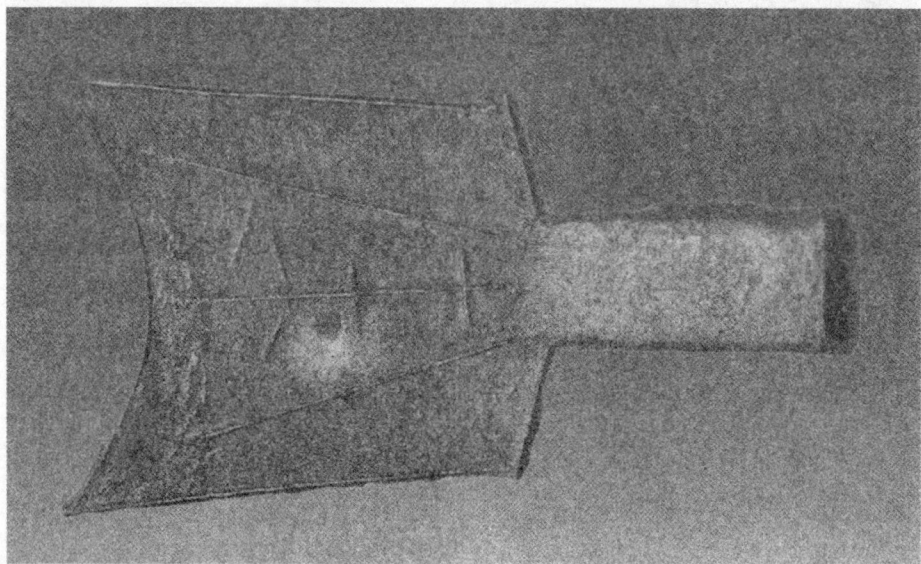

古代钱币

最为混乱的时期。在短暂八年时间进行了四次钱币的改革，有铜、龟、金、贝、银等五物六名二十八品，这几次改革都不是把商品流通需要作为出发点的，而是统治阶级在随心所欲地变化钱币制度。当然也不完全是缺点，例如他们虽然造成了钱币制度的很大紊乱，但其铸造钱币的技术却达到了空前的水平。由于铸钱的文字秀美、工艺精致、玲珑可爱、造型别致，王莽也得到"古今第一铸钱好手"的美誉。东汉初期使用王莽的钱币也有这个原因。后来才慢慢恢复五铢钱的铸造。汉代值得骄傲的还有中国最早的铁钱的铸造，就是建武六年（30年），公孙述在四川所铸造的五铢铁钱，从此时到民国初年的两千多年中，中国铸行铁钱的时间断断续续有五六百年左右，可谓历史悠久。

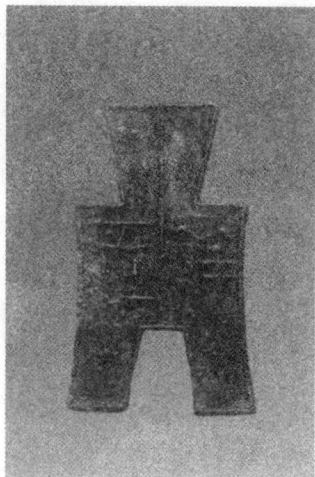

战国"襄坪"方足布

秦汉时期，秦始皇以黄金为钱币，用镒作为单位（合计20两），大多作为皇帝对臣子的赏赐和大宗支付。到西汉时改用斤（合计16两）为单位，黄金的使用流行一时，具体形态有金饼、金版。当中，王莽铸造的"一刀平五千"，"一刀"两字是用黄金装饰而成的，每一枚的价值是五千五铢钱，这就是中国古代有名的"金错刀"货币。东汉建立

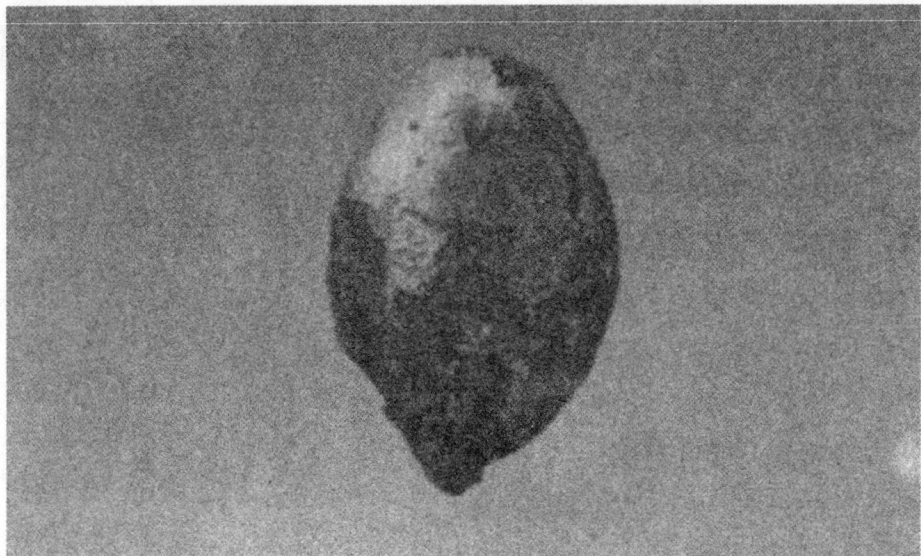
战国包金小型铜贝

以后，黄金已经用作流通的手段了，《后汉书》中就有这样的记载："货币杂用布、帛、金、粟。"可以说我国金币的使用早有渊源。

三国时期，货币流通情况是很不一样的，其原因在于魏、蜀、吴三国的社会形态和经济基础不同，但是三个国家基本上都使用过形同汉制的五铢钱。后来在成汉国汉兴年间，四川成汉李寿铸造了"汉兴钱"，这也是我国最早的年号钱。

南北朝的货币经济相较魏晋时略有恢复和发展，但是社会依然处于动荡战乱的时期。刘宋、萧齐、梁、陈、北魏、东魏等国家均使用自铸钱币，出现了钱币的非统一和持续混乱的局面。但是这个时期，金银的使用广泛起来，形制上又多了"银铤"和"金铤"，白银成为主要钱币。

（三）隋唐五代十国的钱币

隋唐初期，国家统一、政局稳定，社会经济得到高度繁荣和发展，这些有利条件促进了钱币多样化的发展，特别是在唐中期，我国商品经济发展进入了第二个高峰期，并且以前所未有的形势冲击着、影响着社会生活的各个方面，其中包括了钱币。特别值得一提的是 621 年，唐高祖李渊改革货币制度，废止轻重不一的历代古

战国楚国"陈爰"金版

战国楚国"郢爰"金版

钱币，根据"开辟新纪元"之意，铸造发行了"开元通宝"钱，钱文为大书法家欧阳询所写。从此，指示重量的五铢钱开始淡出历史，以纪年为标志的元宝、通宝开始展示我国的货币文化，这也是我国货币自秦王嬴政统一货币后的第二次货币改革。"开元通宝"的铸造，具有划时代的意义，它是我国最早的通宝钱。通宝一直流行了一千三百年多年，并且沿用到辛亥革命后的"民国通宝"。

（四）两宋、辽、西夏、金、元的钱币

宋初商品经济的日趋发展、交换的日益频繁使得货币需求量迅速增长，而且货币在这一时期以高度的艺术和丰富的数量，把我国钱币文化推向了一个新的高峰。两宋皇帝共改了五十五次年号，铸造了六种非年号钱和四十五种年号钱，书法娟秀，铸造工艺十分精良。其中，南宋以铁钱为主，北宋以铜钱为主。这一时期，北宋在四川创印了纸币"交子"，其名称可能来源于当时的四川方言，有取钱给存户、交付存根和收据的意思。其产生的原因是铁钱的流通不便和铸钱的铜料紧缺。政府为了纸币流通的顺畅也制定了相应的钞法。早期的四川交子是老百姓的存

钱收据，他们把钱存入商人铺户的时候，铺户就会开出存钱收据作为取钱的证明。在交子上写上编号，再根据钱数填写上金额，再在正、反面"朱墨间错"地盖上发行人和店号的印章，并设暗记花押。因为它代表了铁钱的价值，可以兑现，又便于携带，所以受到百姓的欢迎。交子应用到流通中，渐渐取代了金属货币，开始执行货币流通的职能。"交子"的发行，开始是自发的，后由十六家富商联合起来，建立"交子铺"发行，后来因为这些富商从中渔利，交子发生兑换困难的情况，政府就将其转为官府经营，专门设立了"益州交子务"，专门管理交子的印制、流通等事务。在宋仁宗天圣二年(1024年)第一届"官交子"正式发行，这是中国政府发行纸币的开始。官方的交子以政治力量为盾牌，规定发行的范围，分成固定的几等面值，铜版印刷，图案十分精美。开始时规定发行纸币必须准备"钞本"，也叫做"发行准备金"。三年为一个发行的期限，每期限定发行的数量，到期时以旧换新。后来，纸币的地位上升到前所未有的高度，代替了铜币、铁钱，成为主要的货币形式，

战国大型耸肩无文空首布

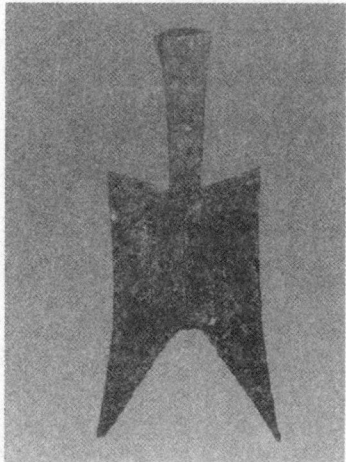

古代钱币发展概述

铁钱铜币就退到了辅助货币的位置上了。北宋"交子"地位非常重要，不但是我国最早的纸币，也是世界上最早的纸币。它的出现，是我国古代钱币史上由金属货币向纸币的一次重要演变历程，也是我国古代货币的第三次改革，证明了我国钱币发展的先进性和历史悠久性。尽管在两宋时期纸币的发行体制渐趋完善，但真正把它推向高潮的时期却是在元朝。元世祖忽必烈入主中原之后，大力实行钞法，坚决维护所发行纸币的信用，禁止铜钱、金、银的流通，规定纸币由中央政府专门发行，不许把纸币兑换成金银，建立了平准库，并且存储大量金银作为发行纸币的准备金。元代制定的钞法成为世界上最早

战国大型鱼币

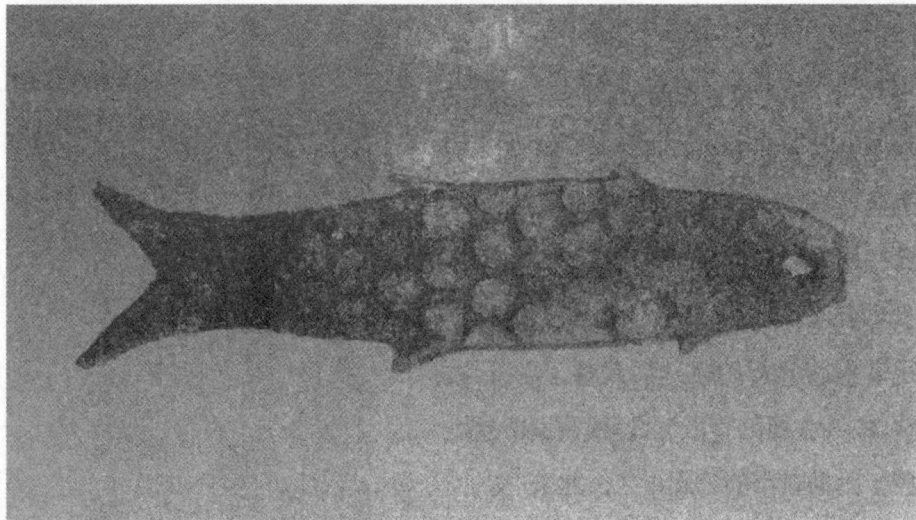

古代钱币

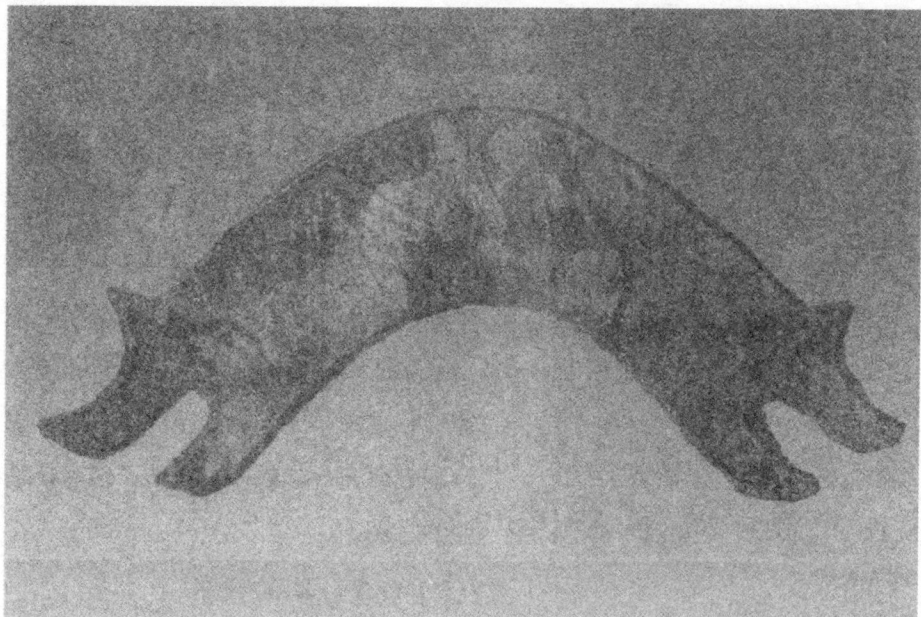

的纸币流通法律，更为重要的是实现了纸币的全面流通。这些事件让后世十分惊叹，以至于马可·波罗来到中国时，看到纸币竟能买到各种各样的商品，不得不惊叹地说："盖大汉国中，商人所至之处，用此纸币以给费用，以购货物，以取其货之售价，竟与纯金无别。"这也是中国人值得骄傲的地方。

当然元代并不是单纯地使用纸币，也有金银和铜钱。银锭是比较常见的，在此时被称为"元宝"，但是与国号并无关系。元朝所铸货币很少，只有在武宗至大年间和顺帝至正年间初期比较多，主要有蒙文和汉文两种，钱文秀

古代钱币发展概述

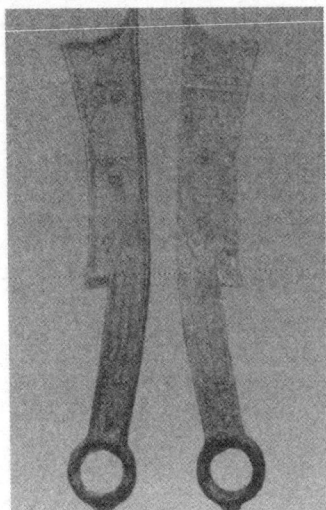

战国齐国"明"刀

丽、遒劲，如"至正通宝"和"至大通宝"。元代纸币是主要的流通钱币，主要发行了"至正中统交钞""至元通行宝钞""中统元宝交钞"和"至大银钞"。元纸币实物现在也有所发现，比较珍贵的如湖南华容县元墓和宁夏拜寺口双塔刹室中的"中统元宝交钞叁佰文、伍佰文"，发现在呼和浩特市一座白塔的积尘之中的"中统元宝交钞壹拾文"，这些就是目前所知道的存世最早的实物纸币。这一切都深刻地表明元代是我国古代纸币流通最繁盛的时期。

（五）明清时期的钱币

时至明代，商品经济继续发展，货币的供应量也不断增加，所以明王朝就一直在大力推行以纸钞为主、钱币为辅的货币政策。万历九年，实行"一条鞭法"更加速了这一制度的推行，而且自始至终都是由中央政府印制和组织发行的，在这些条件下纸币获得了前所未有的高度统一性和流通性。制定钞法，发行"大明通行宝钞"，设立了"宝钞提举司"，钱币面额分为六等：一百文、二百文、三百文、四百文、五百文、一贯。后来又增设了从十文到五十文的五等小面额法钞。但明代纸币的发行也存在不足，政府不设立准备金，使用不分界，不定发行限额，不分地区，不兑现，不限时间，使纸币的发行成为一种搜刮百姓财物的手段。因此虽有严刑峻法，宝钞仍不断贬值，民众不愿用钞，民间私以金银铜钱相交易。明代中叶，政府不得不解除银禁，白银成为流通领域的主要货币，"纹银"的名称就产生在这个时代。此外明朝铸钱不多，所铸钱币都属铜钱，一律称通宝，而且主要用于国际交往。如：给外国使臣的赏赐，郑和带往国外的赠品等。主要的钱币有洪武通宝、永乐通宝、宣德通宝、嘉靖通宝、

战国齐国"齐法化"背"日"三字刀

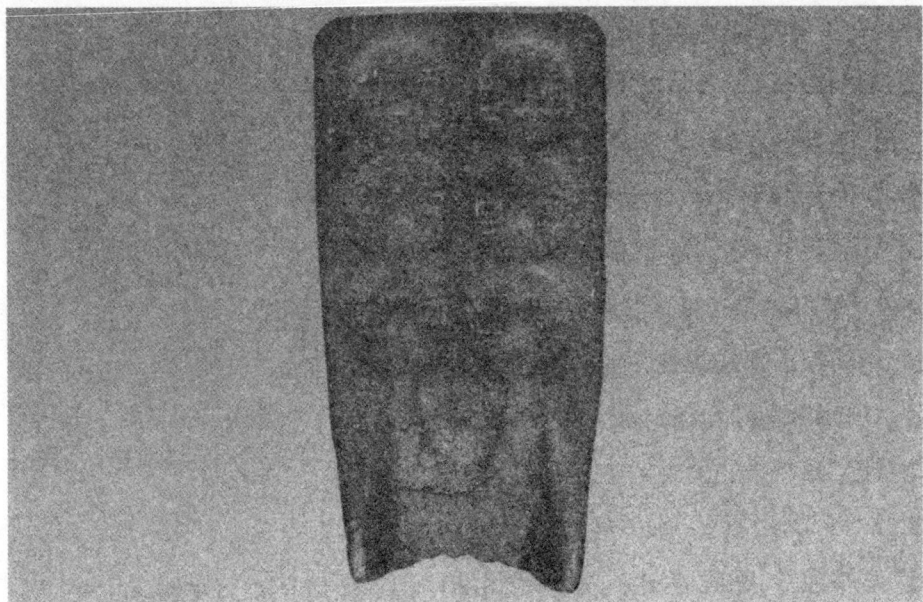

战国秦国"半两"铜范

隆庆通宝等，这些钱币品种版别比较简单，到天启、崇祯两朝却日渐复杂起来，但总体上看，铸额较小，但仍不乏罕见之品。

清代制币"用银为本，用钱为末"，政府财政收支严格按照这个规定，而且规定市场贸易中大额用银，小额用钱。当然清初也存在一些问题，如各地白银没有统一的形式，成色各异，名目繁多等。在经过康、雍、乾长时间的发展后，商品经济才得到了进一步的发展，通过产业结构的调整逐渐打破了封建经济束缚。此时对外贸易量增加，国际商品交易范围扩大，保持了社会经济的持续上升势头，这样就产生了与经济发展相适应的钱币。所以，清朝在货币制度上处在承上启下的阶段。清朝统治者对纸币的发行长期保持谨慎态度，根据前几个朝代发行纸币失败的教训，清政府曾经三次发行纸币，但是流通时间都不长。第一次发行的纸币是顺治年间的，被称为顺治钞贯，那时清军入关，军费开支很大，而且遭遇到了各地激烈的反清斗争，税收又十分不稳定，因此在顺治八年(1651 年) 发行了纸币。可能是吸取明代纸币形制的教训，面额大的纸币废弃不用，只发行了小额的纸币。十文到一贯的纸币，总量不大，限额发行了十年，流通时间也不长。让人不解的是顺治钞贯时代距今并

战国特大型铜贝

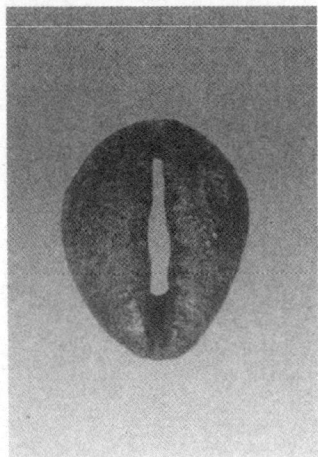

战国铜贝

不遥远，但是始终没有发现印制纸币的钞版，也未见此种纸币的实物。在此后二百年左右中央政府始终没有发行纸币。到了咸丰年间，由于清政府对外赔款和鸦片战争的失利，也由于外国侵略势力的入侵和对内镇压太平天国的需要，造成了清政府财政上的入不敷出。为了摆脱这些困境，清政府除了铸造大钱外，又在咸丰三年(1853年)五月开始发行"户部官票"。第三次发行纸币是在光绪年间，在各方面呼吁"整顿币制"的推动下，在救亡图存，维新变法的大背景下，清朝政府成立了大清户部银行作为国家银行，并于1905年正式开业(第二年更名为大清银行)，发行银元票、银两票（票上印有李鸿章像）、钱票三种钱币。到宣统三年(1911年)大清银行才结束。与此同时，地方的官银钱号也发行了各种各样的地方纸币，这类纸币是地方政府为了解决本地财政开支困难、扩充自己的势力而强制推行的。中国古代纸币从北宋四川交子产生至清代末期，经历近九百年。由宋、金时代的产生，元、明时代的发展，到清代的灭亡，走过了一段不凡的历程。当然，中国古代纸币有其先天的不足，一是它是由政府发行的，以高度集中的政权力量为

依靠，故其发行不是为适应社会流通的需要，而是以解决政府的财政需要为目的。二是产生于封建时代的纸币，缺少坚实的社会物质基础。因此，它的发展历程就是断断续续，盛衰更替的。但是作为一种历史性的货币，它展现的是中华钱币文化中最灿烂的一页，它是中国货币史中不可分割的重要组成部分。

清代白银是主要的流通钱币。特别是到了后期，白银经过长期积累，其数量已经能与社会经济发展相符合，而且清政府很重视钱法，铸造钱币成为经常性的制度，形成了银钱平行的货币体制。钱和银之间也有比

战国赵国"白人"大型直刀

古代钱币

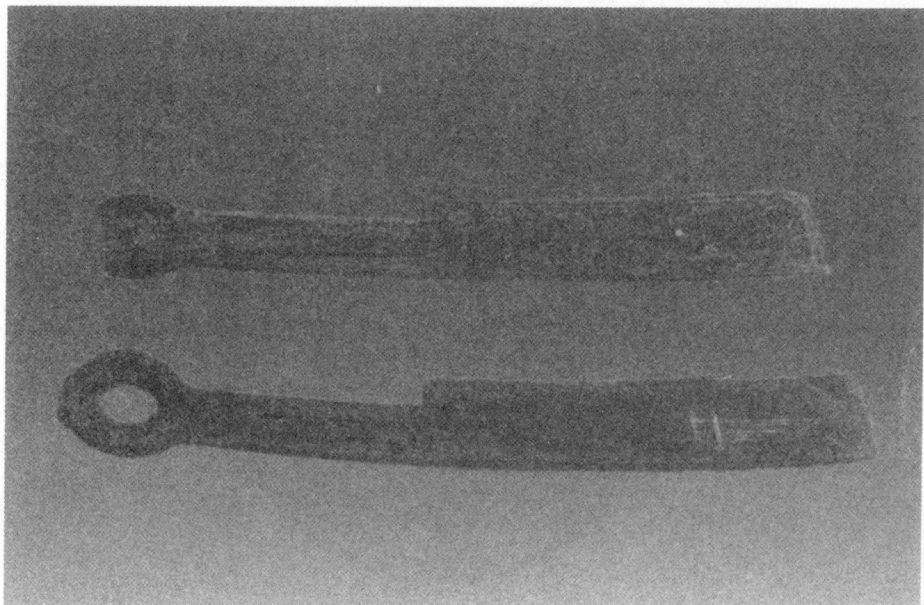

价，小额用钱，大额用银，但是白银的地位更为重要。值得一提的是，清朝是宋朝后又一个钱币铸造高峰期，不仅种类繁杂，而且铸造量很大。清朝的钱币以皇帝的年号命名，从清世祖算起，十个皇帝共用过十一个年号，其中穆宗的年号开始用祺祥，后来改为同治。共铸有顺治通宝、康熙通宝、雍正通宝、乾隆通宝、嘉庆通宝、道光通宝、咸丰通宝和咸丰大钱、祺祥通宝重宝、同治通宝重宝、光绪通宝重宝、宣统通宝等等。称作通宝的多数为小平钱，称作重宝的多数是当五、当十钱。清代各朝钱币中咸丰钱是最为复杂的，咸丰时期

中国古代钱币萌芽于夏代，起源于殷商

为了解决财政危机，应付太平天国起义，除了大量发行纸币外，还发行了铸币。这些面额不同的铸币说明清钱种类繁多。清钱在钱币背面还铸有铸钱局的局名，钱背纪局文字一般是用满文，也有用汉文的，这些名字也证实了清朝钱币的复杂。此时，国外银元也大量流入，渐渐在商品买卖比较发达的东南沿海地区广泛流通，铜钱的使用受到进一步的冲击。方孔圆钱成本又不断上涨，本身制作效率又低，致使各地方钱局大多不按任务数额铸造，这就造成了方孔钱数量的急剧减少。为此在光绪二十六年(1900 年)广东省率先生产了机制铜元，制作精良，效率大幅度提高，不久各省便纷纷仿效铸造，由于机制银元、铜元的生产有利可图，再加上各地官银行、钱庄、银钱局、票号等又大量发行各种各样的兑换券，严重冲击着方孔圆钱。至"福建通宝""民国通宝"后，方孔圆钱再也无法继续流通，终于导致停止铸造。时至清末民初，流通了两千多年的方孔圆钱终于使用到了尽头。方孔圆钱在其最初流通的两百年间，采用模型铸造货币，沿袭了两千年以来的传统。到了光绪二十六年 (1900 年)，两广总督张之洞从英国购置了铸造货币的机

方孔圆钱

清代以前，方孔圆钱流行了近两千年

器，并吸收了西方国家铸造钱币的先进技术，在广州筹建造币厂，开始了机器制币，铸造新式的铜元和铜钱，实施了中国历史上货币的第四次重大改革。流通了两千多年的方孔圆钱终于在清末民初退出了流通领域，成功地完成了它的历史使命。

二 我国古代钱币的特点

秦王朝将钱币统一为内方外圆的"半两钱"

（一）形式多种多样，内涵丰富

可以说我国古代的钱币是形态各异的，有贝形、刀形、铲形、方孔圆形等。在多种多样的古代钱币中，以形制为圆形方孔的钱币使用和流通的时间最长。从秦王朝废除春秋战国各诸侯国的钱币，统一为内方外圆的"半两钱"开始，直到清朝末期"宣统通宝"，乃至"民国通宝"为止，共流通了两千一百多年。可以说无愧于历史悠久、形式多样的美名。此外，我国钱币还有图案精美的特点，作为装饰艺术之一，具有鲜明的装饰性和写真性。各个时代的钱币装饰图案和字体都有所不同，它们像一面镜子，反映着社会生活的一个侧面，显现出人们的主观愿望和浓郁的社会生活气息。比如，古钱之所以多以"圆"的形制出现而且得到广泛采用，是因为自古以来人们认为"圆"有团圆吉祥、美满之意。

（二）以铜为主要的铸造材料，兼用其他材料

我国古代货币的制作材料，自始至终都是以铜为主的，但是在其中也掺杂了锡、镍、铅、锌等很多种金属材料，因此就形成了成色不一的白铜、黄铜、青铜等多种多样的货币。当然，在历史上也存在纯粹

古代钱币形态各异

我国古代钱币的特点

的铅钱、铁钱等钱币。但无论如何都与西方钱币有很大区别，西方钱币的制作材料以白银为主。造成这种差别的原因是多种多样的。

以我国为中心的东方钱币系统，早期的材料都选用铅、锡、铜、铁等普通的金属，当然也有少部分采用白银、黄金等贵金属，但这些贵金属大都是政府作大额支付之用，或贵戚、王公、大臣用作赏赐之物，不当做普通的流通货币来使用。即使部分地区或国家采用贵金属铸造钱币，其流通的时间也不会太长久。古代西方地区或国家情况与此大不同，大多是采用白银、黄金等贵金属材料

我国古代钱币形式多样，图案精美

古代钱币

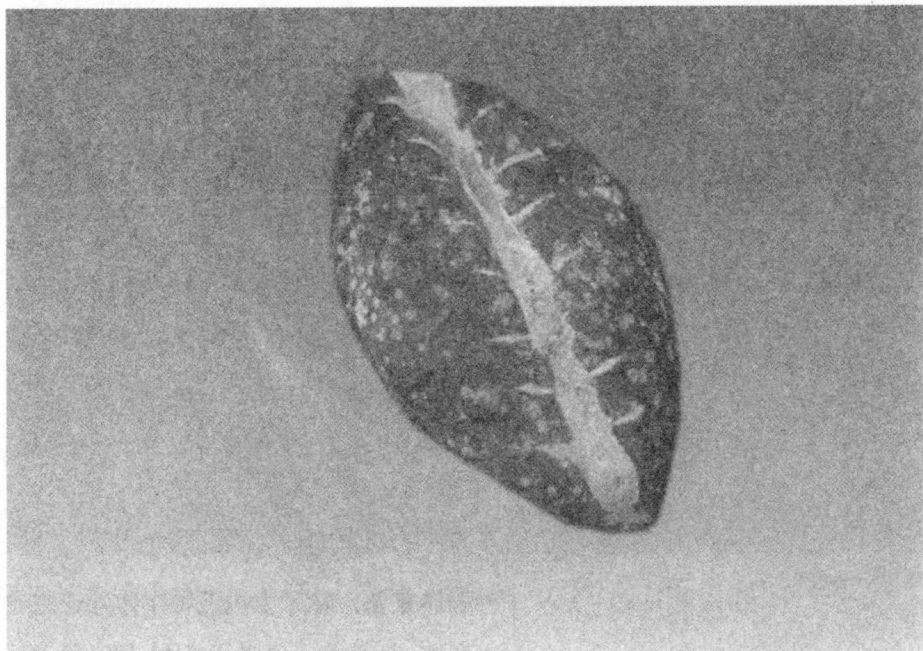

天然海贝加工而成的贝类货币

来铸造钱币，即使是在近现代，也仍然采用贵金属铸造流通货币，充当商业贸易和交换的中介。19 世纪以后，黄金、白银等贵金属才渐渐退出了流通货币的领域。

（三）注重文字，具有很高的艺术价值

我国古代的钱币是很重视文字的，几乎所有的朝代都在钱币的表面铸造出文字即钱文，钱文强调书法，本身就是一部从先秦到晚清时期的有系统的中国文字发展史和书法史。钱文的字体采用汉字为主体，篆书、隶书、楷书、草书、行书，五体兼备。除了上

钱币上一般铸有文字

述五种字体外还包含金文、甲骨文。其笔势有转、折、虚、实、顿、挫、提、按之分，笔画也有横、竖、撇、捺、点、钩、弯、折的区别。在方圆不到径寸的狭窄之地，努力追求书法的对称美，正因如此，汉字的书法艺术被表现得惟妙惟肖、淋漓尽致。而东南亚等国家的方孔圆钱，也基本上采用中国的汉字，其运笔力度、文字的布局结构大致相似，而且间架结构、书法风格几乎都出自一辙。总之，钱币上铸有文字是我国文化发达的具体反映，是我国钱币文化的特有现象。在钱币上的钱文排列布局非常符合中国文字框式的装饰性质，给人以周正、平衡的感觉。

古代钱币

中国的古代钱币强调钱文的书法艺术性

钱文大体呈四字或两字对称，均是以正方形的孔内等边线为准则铸造书写，无论对读或旋读，都很稳定、规范，而钱币的圆边，又呈现出统一和流动，可以说是柔中有刚、静中有动。在长期使用钱币的过程中形成了中国独特的钱币文化。中国钱币文化，形式多样、内容广泛、底蕴深厚，是值得很好挖掘的奥妙无穷的宝库，因此，应当予以足够的重视和很好的利用。以历史古钱币为内容的中国钱币文化，不仅反映出各个时期的经济状况、政治状况及铸造技术进程，而且以钱文为主的古钱币，还反映出书法艺术和中国文字的发展状况。书

我国古代钱币的特点

布币因形状似铲，又称铲布

法艺术美体现在以会意、象形为本源的汉字上，曲直适宜，姿态万千，线体自如，纵横合度，疏密调和，布局丰满，抽象概括，灵活自由，是欣赏艺术的绝佳载体。中国货币，独树一帜，注重文字，钱文除了部分由书法艺术水平较高的皇帝亲自书写外，大部分是出自书法名家之手的。其书法风格不一，绚丽多彩，千姿百态。如秦、汉五铢、半两等小篆钱文，自然雅拙，齐整匀圆，豪放粗犷；南北朝钱币上的篆体，书法多姿多态，其中北周布泉等币文"玉筋篆"，文字庄重流丽，运笔浑厚有力，篆法宛圆流畅；唐代开元通宝币文隶书，字体刚劲峻拔，结构开朗爽健，笔画严谨清秀；南唐开元通宝有隶篆两体，字体规范，精熟奇绝，刚中带柔，线条匀细；宋代钱币文字特点是书体丰富，隶、篆、行、草都有，皇宋通宝"九叠篆"，层层叠叠，弯弯曲曲，十分罕见，其中徽宗御书钱文"瘦金书"，遒劲有力，纤细挺秀，铁画银钩，令人赏心悦目；金朝"玉筋体"泰和重宝、元代楷体至正通宝钱文，玉润可爱，结构妥帖，古朴稳重，疏密适中。所有这些钱文，既是钱币形美意远的典范，又是具有结构对称美的汉字书法艺术的精

钱币成为书法艺术的绝佳载体

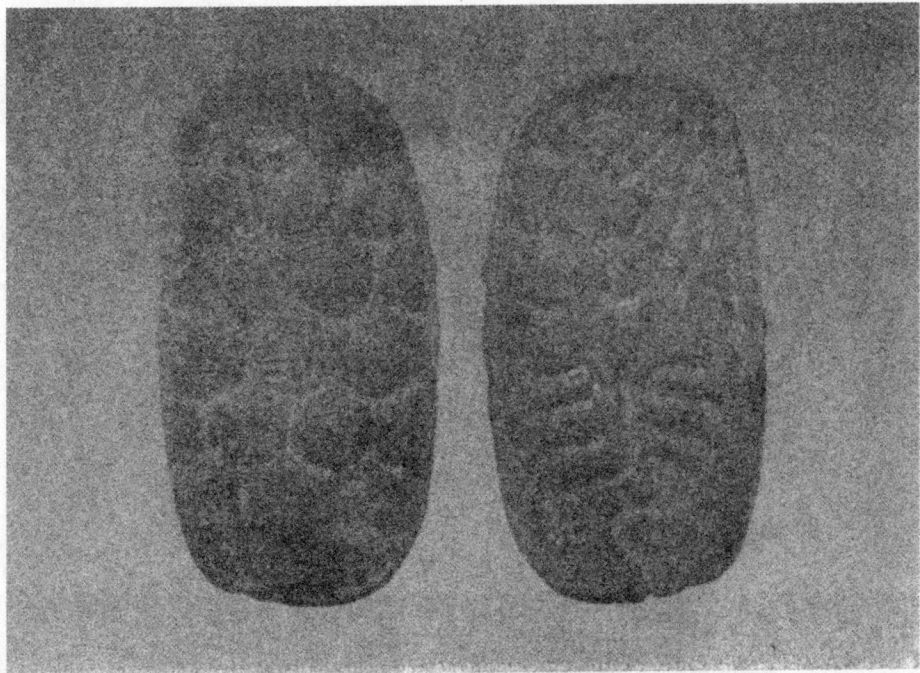

我国古代钱币的特点

品。方孔钱虽始于秦，但其标准式样却始于西汉上林三官钱、元狩五铢及唐开元通宝。方圆造型，内方外圆，井井有条，端庄典雅，规范整齐，古朴端正，上下匀称，逶迤交错，左右和谐，气势雄浑。在结构对称中，有一种两枚文字相同而书体不同的对钱，有篆行成对，有篆楷成对，也有草篆成对等。制作对钱，需要了解形制大小、币材成分以及我国古代币文的书法艺术，既可受到古代书法艺术的熏陶，又可增长历史知识。中国特有的方块文字，随着中华民族的繁衍生息而发展。现今造诣较深的书法家、文字学家无不考究汉字的发展源流，有心的学者无不从出

"钱"本是农具名，因可用于交易而成为后来一切货币的统称

古代钱币

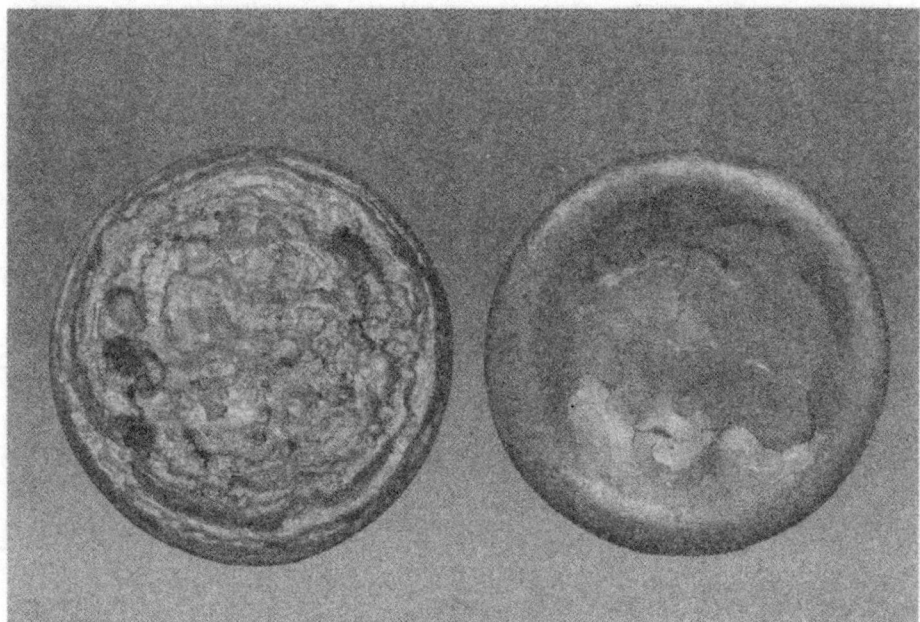

西汉金饼

土汉玉、先民们最早的记事符号、摩崖石刻、甲骨文到钟鼎文，以至历代的书、帖、碑、画作品等文化遗产中汲取营养。而古代钱币历时三千余年仍绵延不断，不但反映了历代封建王朝的兴衰更迭及经济、政治、文化状况，更充分反映了书法艺术的源流、汉字的沿革脉络和美学思想的发展，是书法艺术和汉文字的一份珍贵的遗产。在世界钱币史上，中国古钱币具有独特的魅力。古代钱币曾使用多种书体的汉字纪重、纪地、标年号等。其字体可细分为篆书（大篆、小篆、九折篆）、隶书（秦泉、

西汉"五铢"条形铜范

汉策)、楷书(古称今隶,今又称真书或正书)、行书 (又称稿书,分行楷、行草) 、草书 (分章草、今草) 等。就历代古钱币的文字书法而言,大多出自著名书法家,其风格或古朴,或雄浑,或典雅,或苍劲峻毅,或洒脱,不一而足。纵观我国历代各种形制的钱币,其独特的书法艺术就像一整套特殊的"书法大成",记载了中华民族辉煌灿烂的文化。秦始皇统一中国后,统一了"度",这也显示了与西方钱币的区别,西方钱币不注重文字,

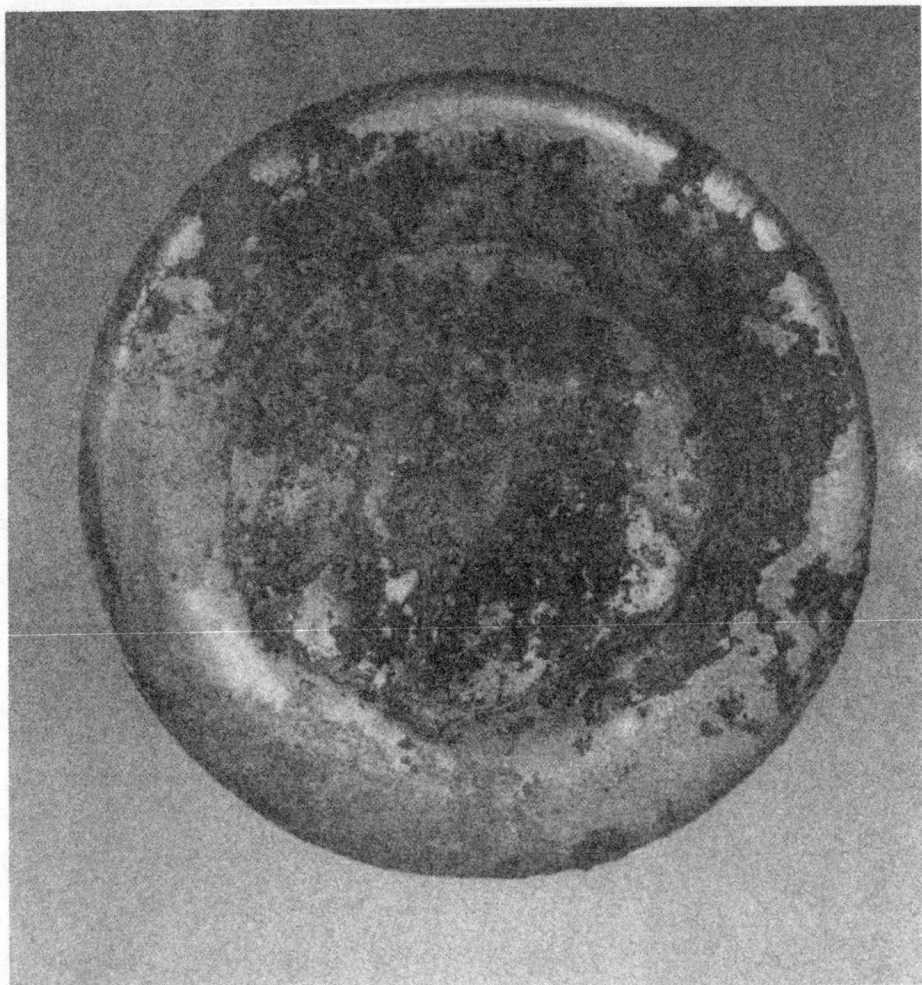

西汉鎏金铜饼

而注重事物和人物的图案。以中国为首的东方钱币文化体系，古钱的正反面以文字为主，与西方古钱的正反面以图案为主截然不同，当然与西方钱币文化也就迥然不同了。西方钱币以神像、图案为主题，表现了西方神圣的宗教图腾和崇拜风尚。

三 钱币的衡制和铸造方法

中国钱币的衡制，早期是以称量为单位的。在春秋战国时期的钱币上，有一种从纺轮演变而来的方孔圆形钱币，如"益四化"和"益化"等。这里的"化"就是古代钱币的计量单位。此外，还有一种内外都是圆形的圆钱，如"离石""共""蔺""济阴"等，后者方孔有郭，前者周缘无郭，计量单位均为"金"。圆钱为圆孔无郭，以"两铢"为货币单位，如"重一两十二铢"和"重一两十四铢"，后来发展成为方孔有郭的，再后来成为方孔有郭的秦代"半两"钱。以唐代"开元通宝"为标准，即小平钱的直径在 2.5 厘米左右，重量大约在 4 克左右。中国这种钱

新莽"货泉"小型铜质母范

古代钱币

新莽"大泉五十"铜质母范

币衡制对周边国家影响也很大，如日本铸造的"和同开珍"钱直径在2.5厘米左右，后期虽然重量减轻，直径变小，但总的规格控制在这个标准中间，尤其是"宽永通宝"钱的外径和重量，与中国唐宋钱币的规格相近。越南"太平兴宝"钱，一般重量在2.2克左右，厚度约1毫米，直径在2.35厘米左右，要比中国同期制造的北宋小平钱轻一些。

日本自制造"皇朝十二钱"以后，再无政府铸造钱币，整个中世纪流通的钱币都是以中国的铜钱为主，并作为贸易的流通使用。为了补充日本铜钱数量的严重不足，13世纪

钱币的衡制和铸造方法

唐代顺天元宝

末期，地方富商开始仿照中国钱币铸钱。根据日本考古学家研究，1995年在东京出土的一件内有12—14枚铜钱模型的钱范，被确认为中国元符、元丰、绍圣、政和四个年代的钱币，共有7种铸型，其铸造的方法为"连铸法"。此后，还曾多次在日本各地（大阪等地）发掘出铸钱的钱范以及铸钱的遗址。日本铸钱基本上以仿照中国唐代、北宋钱币为主，钱范基本采用"烧型"，即陶范。中国从六朝后期开始使用砂型铸造法生产钱币，而日本一直到1636年"宽永通宝"钱的制造，才开始采用砂型铸造法。可以看出我国铸造钱币的悠久历史和先进技术。

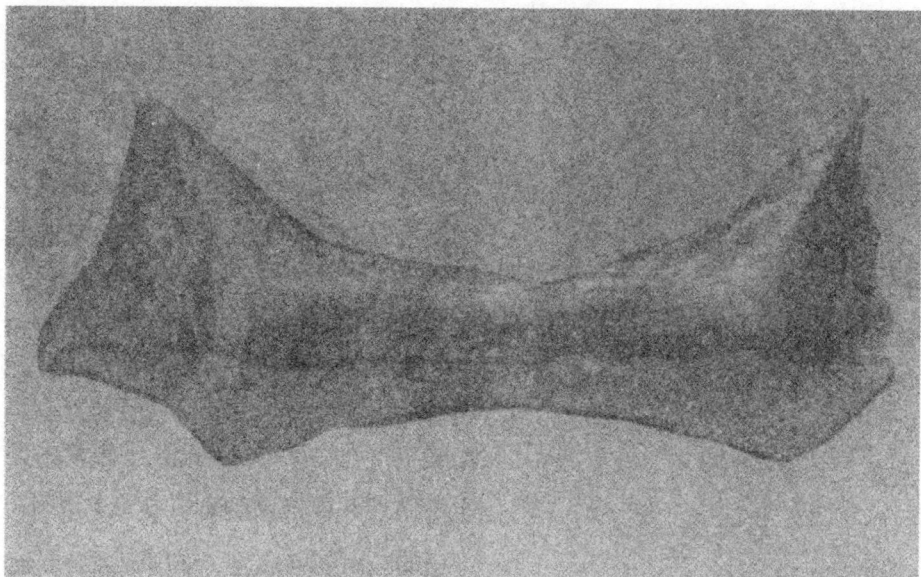

唐代五十两无文银锭

古钱币是金属制成品，铸造方法要求很严格。中国的方孔圆钱在早期就采用了"一模多个"的铸造方法，不但成品产量极高，而且质量稳定。从唐朝后期开始，钱币铸造采用先进的翻砂法，即钱币先制成样钱，然后在砂模中形成模型，再将熔化的金属（大都为铁、铜等）液体，浇灌入型腔之内，待冷却以后取出，再将外圆锉光，就完成了。铸造钱币的模型钱币称为钱模，也称"钱范"。钱范从陶范、铜范、石范、铁范和泥范，过渡到采用砂型铸造钱币的方法，可谓意义重大，这种方法被东南亚各国的人民普遍采用。而西方铸造钱币始终采用打压法，早期用锤子敲打模型，后来采用简易螺旋压力机压制模型，直到工业革命以后，才利用电动压力机械，大批制造硬币。同中国钱币的制造一样，东南亚各国的钱币制造亦经历手工到机械、低级到高级、简单到复杂的不同阶段。我们可以看到，各国早期的钱币大都简陋不堪，存在钱币重量不统一、钱币直径误差大、钱币文字不规整等诸多问题。在古代中国与东南亚其他国家的相互交往过程中，中国的钱币能够成为"准国际通货"而通用于东南亚各个国家，可见其铸造工艺的先进。这些地区和国家除了自铸钱币外，还完全仿照中国钱币的样式，进行了大量的铸造，并用到了对外贸

唐末至五代刘仁恭镜'永安一千'

古代钱币

"淳化元宝"是宋代以年号为钱文铸就的钱币

易支付中。比如朝鲜也曾经仿铸过许多的唐宋钱；日本曾经仿铸过中国唐朝的"乾元通宝""开元通宝"等36种年号钱；琉球仿照中国钱币的式样有4种；越南在历史上仿铸的中国钱多达78种，人类的文明总是相互交融、相互影响、相互促进的，文化交流的结果，促进了落后的地区和国家向前发展。7—14世纪，是以中国为中心的东亚文化成熟的时期，中国文化向周边地区的国家辐射，从近邻的日本、朝鲜，远至北非、西非等地

北宋淳化元宝

钱币的衡制和铸造方法

北宋大观钱币

北宋淳化元宝

区无不受到中国强大的文化冲击波的影响。古代中国钱币文化对东南亚及世界各国钱币的发展起到了不可低估的作用，在三千年的漫长岁月里，扮演了极为重要的角色。

古代钱币

四　主要农民政权所用钱币

北宋钱币熙宁元宝

（一）现在可知的最早的农民政权钱币

可知最早的农民政权钱币是北宋时期的
"应运通宝"和"应运元宝"。北宋初期生
产发力得到发展，经济十分繁荣，与此同时
统治阶级对手工业者、农民和商贩的剥削也
比以前更加残酷，特别是在有"天府之国"

美誉的四川地区，北宋政府垄断了布、茶贸易，严重损害了小工商者的利益，于是在公元993年春天，四川青城的茶贩李顺和王一波发动起义，提出了"均贫富"的口号。他们建立了政权，并且铸造了铁质和铜质的钱币。这就是现在我们所知道的最早的农民政权所铸造的第一批古代钱币，也就是"应运通宝"和"应运元宝"。这些钱币在我国钱币史上有着重要的地位，是我国农民政权历史的重要见证，意义重大。

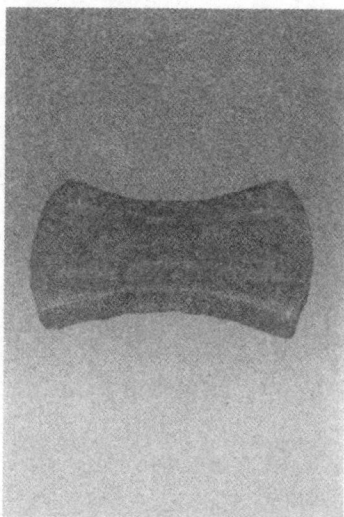

南宋二十五两银铤

（二）元末农民政权的货币

众所周知，元代末年社会矛盾极为尖锐。江淮等地先后爆发了徐寿辉、郭子兴等人领导的农民起义，这些起义沉重地打击了元朝统治者。与以往不同的是起义军在与元朝统治者进行军事斗争的同时，还在经济上进行激烈的斗争，遗留下来的许多起义军的钱币有力地证明了这一点。这些农民政权的钱币的共同特点就是铸造得极为精美，钱体厚重、铜质优良，书法艺术极高，它们的确是一些优质的钱币。在元朝以纸币为主要流通手段的情况下，起

主要农民政权所用钱币

南宋钱母

义军的这些优质的钱币，在流通中肯定是会受到欢迎的。也正因如此，才能在经济斗争中起到压倒对方的作用，有利于战争的顺利进行。

1.宋国钱币——龙凤通宝

元至正十五年（1355 年）刘福通迎立韩林儿，建国号龙凤。韩宋政权铸有"龙凤通宝"铜钱，分为折三、小平、折二这三个等级。钱币上的楷书字体端庄，钱体厚重，铜质精良。清代张端木就曾称赞它"字文遒美，铜质如金"。

2.天完国钱币——太平通宝、天启通宝、天定通宝

元至正十一年徐寿辉以蕲水为都城，建国号为天元，建元天启、太平、天定、治平等年号，曾经铸造过"天启通宝""太平通宝""天定通宝"三种钱币。这三种钱币都是铜钱而且钱文都是用楷书书写的。

3.吴国公钱币——大中通宝

元代至正十六年（1356 年）朱元璋攻下集庆路后，改集庆路为应天府，自称吴国公。至正二十一年，朱元璋在应天府铸造了大中通宝钱。朱文璋击败陈友谅后又颁布了大中

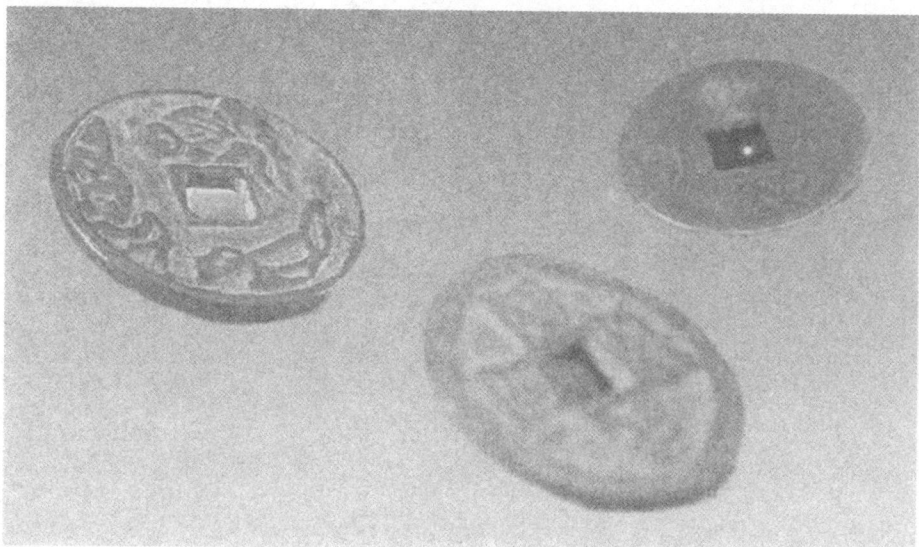

钱币上不仅有书法艺术，还有精美的纹饰

通宝五等钱式铸钱。由龙凤七年到反元斗争胜
利期间所铸大中通宝钱，为吴国公钱。属于此
期农民起义军的钱币共有五种，而且背面都没
有钱文。明朝建立后仍然在铸造大中通宝，但
是背面已经加铸"北平"和"福"等地名，当
然不属于农民起义的钱币。但是以往的研究者，
对这种区别多未注意，或将有背文者称为农民
起义军钱币；或将无背文者归诸明太祖，脱离
了反元斗争的历史背景，都是欠妥的。

（三）明末农民政权的钱币

明末清初的文人吴伟业《绥寇纪略》就曾
提到李自成铸钱的情况，从中可知当时铸钱的

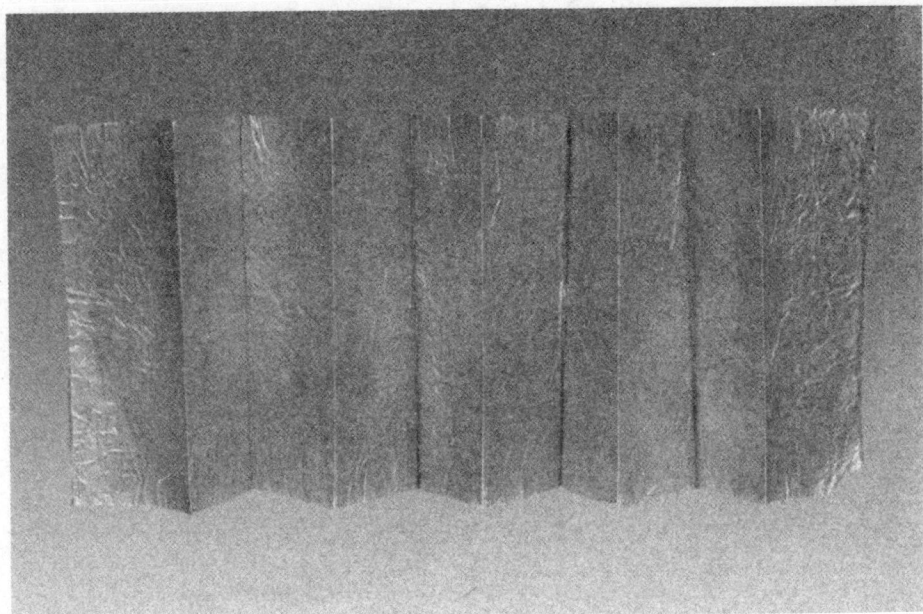

南宋一两金叶子

目的是平物价，以应对当时物价飞涨的情况。可以分为两个农民政权来研究这一时期的钱币。

1.大顺国钱币——永昌通宝

李自成攻破西安，建国号大元，称大顺王，建元永昌。其所铸钱币为"永昌通宝"，现在所见的永昌通宝钱分为两等。钱币上写楷书，铜制的，背面没有文字。这些钱币在稳定经济方面起到了一定的作用。

2.大西国钱币——大顺通宝、西王赏功钱

明代崇祯十六年（1643 年）五月，张献

忠攻占武昌，称大西王。次年，攻下成都。后定国号为大西，建元大顺，铸有"大顺通宝"及"西王赏功钱"。大顺通宝铜钱分为背文有"工""户""川户"及无文字四种。都是铜钱，楷书。西王赏功钱，以"西王赏功"为文，是一种目的在于奖励有功者而铸造的钱形奖章，不是流通的钱币。大钱有金、银、铜三种。面文楷书，背无文。

（四）太平天国及当时其他农民政权所铸钱币

1.太平天国钱币

太平天国坚持时间长，地区广阔，影响深远，曾经铸造钱币。太平天国的钱币种类很多，根据钱文书体可以分为三类：楷书字钱类、宋体字钱类、隐起文钱类。除太平天国外，还有小刀会、广西大成国遵义号军等都铸有钱币。

2.金钱会的钱币

清代咸丰八年（1858年），浙江省平阳县钱仓镇人赵起、周荣等人成立金钱会。后起事，活动于浙江、福建一带。曾铸钱，称

古代丝绸之路金币

中国古钱的正面一般以文字为主

金代阜昌元宝篆书小平

主要农民政权所用钱币

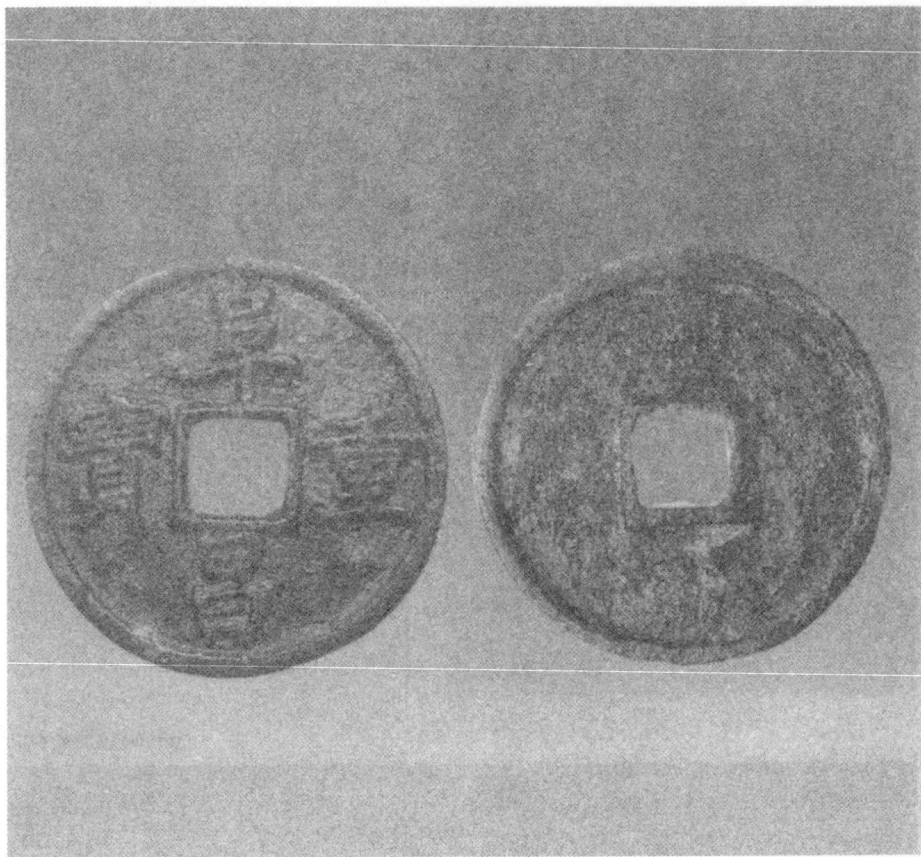

金代阜昌重宝真书折三

金钱义记会签。金钱义记钱，大小两种，面文相同，背文有数种，都是铜钱。

3.大成国钱币

清代咸丰四年(1854年)，广东天地会何禄、李文茂、陈显良等分别起事，后转移于广西。后来建立了大成国，即以浔州为首都，改称秀京，建元洪德。所铸钱有平靖通宝钱及平靖胜宝钱两种。这两种钱币都是铜钱。

五　古代钱币的钱文读法

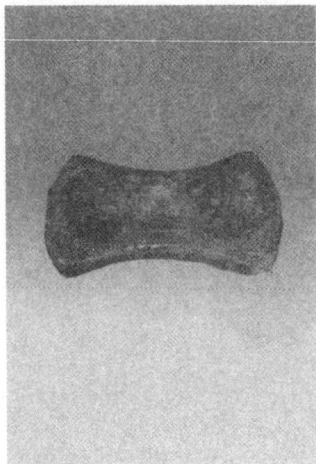

金代银铤

（一）历朝历代钱文读法

古钱币按性质来划分，有记号钱、记重钱、镇库钱、年号钱、记值钱、国号钱、纪年钱、纪数钱、厌胜钱、样钱、庙宇钱、撒帐钱、罗汉钱、祖钱、对钱、母钱、开炉钱等等，这些名称一般注重实用的性质，其名目之繁多，简直是不胜枚举。因为功用的不同，所以不同时期的钱币的上钱文读法也不尽相同。

在唐朝以前，从春秋战国至秦汉，钱文的读法基本上依照汉字书写习惯，由右向左读，如"五铢""半两"等，也有一些特殊的读法，比如从左至右、顺时针或逆时针旋转读。在这种情况下双字钱文一般不容易误读。最容易读错的是多字钱文圆钱，大多依圆随形，按顺时针方向旋读。如"珠重一两·十二"等。

唐以后各朝多以"元宝""通宝"作宝文，旋读、顺读并行，形成一定的结构。明以后建立了专门以"通宝"为宝文、顺读的固定结构，其间的演化过程容易造成误读，如受唐"乾元重宝"的影响而将宋的"乾道元宝"误读为"乾元道宝"等等。只要掌握了各代钱文规律，即可避免这种错误。

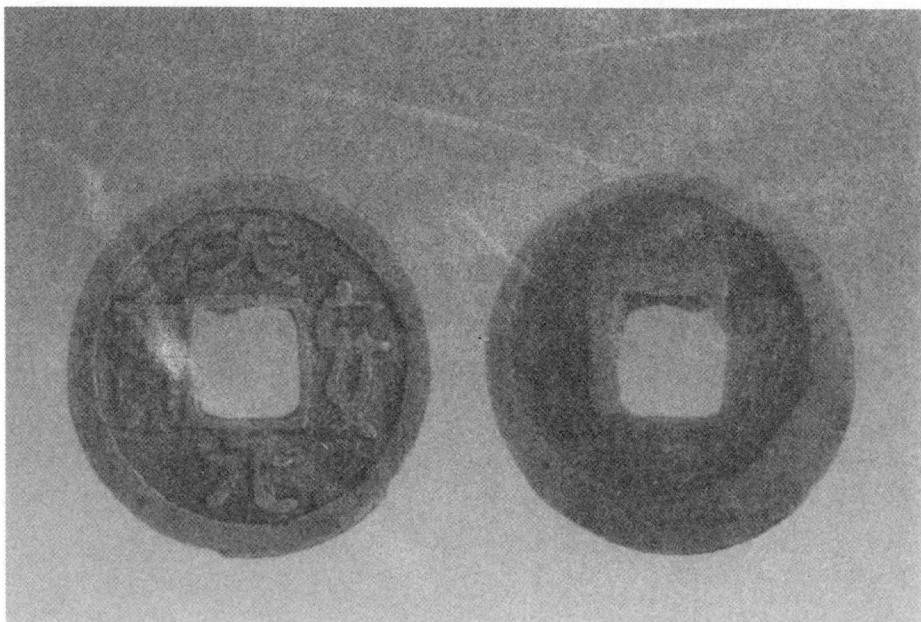

旋读：按上右下左顺时针方向旋读，宋钱中较多，元以后绝迹。如"大泉当千""大夏真兴""天福元宝""淳化元宝"等。

顺读：按上下右左、先纵后横的顺序读，始见于新莽的"六泉"，至元明清占绝对优势，遂成定型，如"小泉值一"和"咸丰通宝"等比比皆是。

右起先横后纵读：按右左上下顺序读，如"永安一百"和"太平天国"等。

先纵后左横读：按上下左右顺序读，极为少见，有"乾亨重宝"，且"重宝"两字为篆形，是汉以后所仅见。

西夏文大安宝钱

左起先横后纵读：按左右上下读，仅见"永安一十"孤例。

此外，新莽时期所铸仿古布币十品的钱文是以上下两横列为序，先上列后下列由右向左读，如"么布一百"至"次布九百"和"大布黄千"等，是比较特殊的读法。

这里我们主要介绍了四字钱文的主要读法，其他字数的钱文在这里就不做介绍了。

（二）少数民族主要钱币的钱文读法

我国是一个多民族的统一国家，而且在各民族中有文字的很多。但是在古代钱币的

钱文中反映出来的并不多，就现在我们所
掌握的资料来看主要有以下几种：

1.满文钱币

明代万历二十七年，噶盖、额尔德尼
奉清太祖努尔哈赤的命令，在蒙古文字的
基础上创制了满族文字，后来在清太宗时
期(1632年)，经过达海改进，增加了圈点。
于是就称改进以前的文字为"老满文"，
改进以后的为"有圈点的满文"。满文钱
的读法是左起先横后纵读，一般以左右上
下为序，与满文自左及右读的习惯是一致
的。例如满族的"天命汗之钱"。

元代大朝通宝银质小平

抓周大型花钱

2.契丹文钱

辽代契丹族是一个历史悠久的民族，他们仿照汉字创造了契丹文字，他们的字可以分为大小两种。大字创造在辽太祖时期（920年），后来创造了契丹新字被称为"契丹小字"，一直沿用到金代初年。章宗明昌二年（1191年）下令停止使用，渐渐就废弃了。通行的钱币中未见契丹文字，非通行的有两种：一种需要旋读，根据陈述的解释，有一种钱币应该上右下左旋读为"福寿太平"；另外一种钱币应该先纵后左起横读，根据刘风翥先生的解释读为"大银钱"。

契丹银钱

元代延祐供养钱

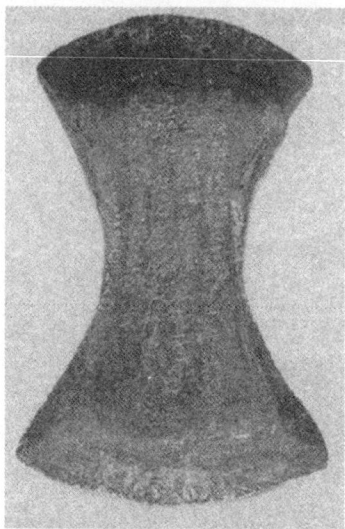
元代兴国路银铤

3.西夏文钱

我国古代羌、党项语言的文字被称为"西夏文"。为1036—1038年间野利仁荣等创造，共六千多字。他们的字有很多造字方法，笔画十分繁多，与汉字同时流行。虽然后来西夏亡国，但其文字在元代中期还流行，可见其影响十分巨大。同时，这种影响深刻地反映在钱币上，西夏文钱所见大约五种，其钱文根据考证通常为旋读。只有福圣承道年间所铸造的西夏文钱，读法不同于其他西夏文钱。这种钱币改为从右起读为"福圣宝钱"，可与福圣承道年号相符，研究者称这种钱币为圣字"升书"，意思是圣字书写在首位。因为此种读法只有这一个孤例，所以术语称为"升书"。

4、八思巴字钱

八思巴是元代的官员，他奉元世祖的命令制定了拼音文字，称为"八思巴字"，这种文字脱胎于藏文字母。至元六年（1269年）作为国字正式颁行使用，主要用于官方文书，后渐渐废弃。八思巴文钱的读法是顺读，与四字汉钱文读法相同。有"元贞通宝"和"至元通宝"。

六 纪念和宗教用币介绍

洗儿钱：祝贺人生育子女的赠钱。

厌胜钱：也称为压胜钱，是一种具有避凶取吉含义的钱币，钱上有符咒、吉语、动物、人物、花草林木各种图案花纹，相当于一种护身符。厌胜钱自唐宋以后内容和门类大大丰富。譬如吉语钱，起始于西汉半两钱时代，后来成为压胜钱的一个重要门类。吉语钱所用的吉祥词语，随着时代的发展，多有变化，反映了不同时代的民俗风情，如宋辽时期的家国平安图、千秋万岁图、龟鹤齐寿图，明清以后的五谷丰登图、状元及第图、五子登科图等等。有些吉语钱，在不同时代都铸造过，延续的时间很长，也有后人仿铸的，所以压胜钱的断代，在某种

清代银制珐琅大型花钱

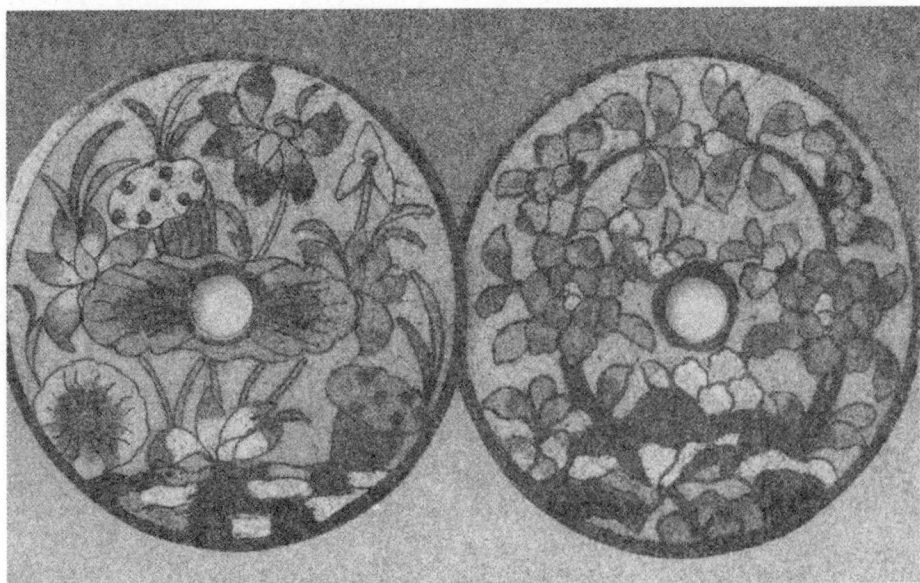

古代钱币

钱币是书法与汉字的珍贵遗产

程度上，比之年号钱要多一层困难。

　　庙宇钱是压胜钱的一种。法门寺地宫出土的开元通宝钱可能是专门制作的庙宇钱，那已是唐朝的事情。五代时期的后周曾铸有非常精美的庙宇钱，背面加铸佛像，正面仿普通周元通宝钱铸造，就其精制的程度而言，应该是官炉所铸。五台山出土的宋淳化元宝金钱图，则是后周庙宇钱的继承。到了元代，庙宇钱成为非常普遍的现象，其性质和用途也发生了改变。早期庙宇钱主要使用于重大的佛事活动，后来变为庙宇财富的一种象征，到元朝庙宇钱数量亦多，种类繁杂，制作趋于粗糙，大多数充当了地方性流通货币的职能。

　　冥钱也是压胜钱的主要品种。人死以后，要

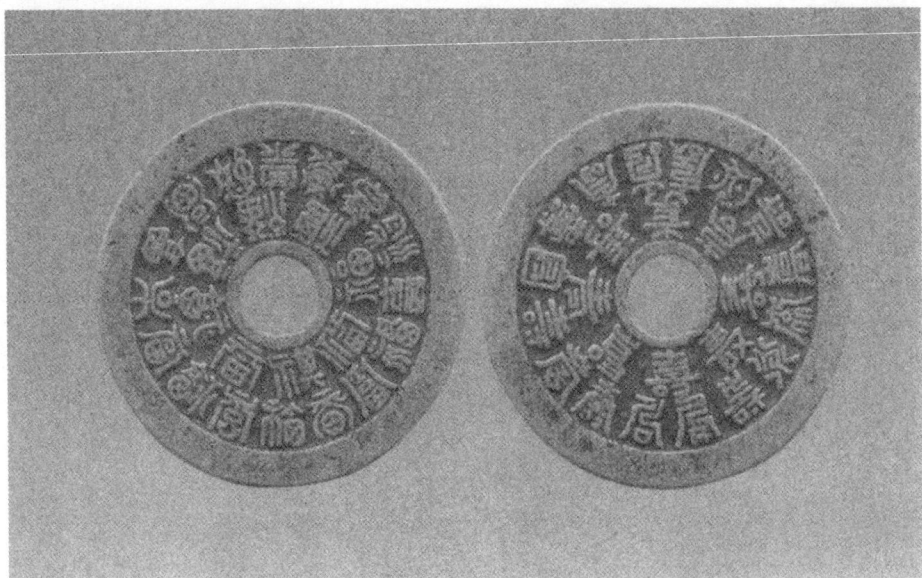

压胜钱

有殉葬钱，这是中国古老的传统，可以上溯到实物货币海贝。冥钱开始是用真钱下葬，后来有了专门为殉葬而制造的冥钱，这种习俗在中国历史上一直没有中断过。

打马格钱，它是以名称和名马图案为主要内容的一种娱乐钱。马钱上出现的马，几乎包括所有的历史名骥，如秦始皇七名马，周穆王八骏，唐太宗六骏等等。

信钱，明清以后民间结社组织特制的一种信物，如白莲教的教会钱、义和团的拳钱等，它们相当于"会员证"，可以系在腰间，也可以随身携带，能作为一种身份的凭证，同时，它又寄予了一种信仰，是保佑平安的心愿的一种寄托。咒语钱、符咒钱，是宗教组织特制的一种护身符，据说可以驱散鬼神、免除灾难。民间传说故事钱，多以图为主，也有图文并备的，如生肖故事钱、竹林七贤钱等等图，应是作为工艺品的赏玩钱。此外，店铺、钱庄使用的钱幌子等等，也可以视为压胜钱的一种。

各个时期仿制的古钱，如元后铸、宋仿、清代乾嘉时期仿铸等等，这些不同朝代的仿造品，包括古董商伪造的假钱，代表了不同地区、不同时期民间仿制的特点。当然，其中也有一些技术很先进，仿造程度很高的作品，它们形成了一个独特的系列，对于古钱的鉴定、钱币学研究是一种反面教材，从这种意义上来说，也可以把它们作为一个专门的类别加以研究和收藏。纽约的美国钱币学会收藏了大量的中国古钱，其中多数是由 20 世纪 30—40 年代的收藏家捐赠的，这些古钱几乎是被完整地保留下来的，其中也包括了一些清乾嘉至民国时期的赝品，这在国内已经是不易见到的了。

压胜钱的制作，工艺水平良莠不等、参差不齐，其中民间制作的，多数工艺水

斑驳的钱币见证了历史的变迁

平不高，甚至粗制滥造，没有太高的文物价值。而凡是官炉制作的，一般工艺比较精湛，制作比较细致，不乏文物价值较高者。而就时代而言，早期的压胜钱遗存比较少，唐宋时期官炉铸造的，应该是压胜钱的精华。元明以后，压胜钱的民俗文化内容越来越丰富，除少数官炉铸造外，民间的制作也越来越多，形制也不再局限于方孔圆钱。

供养钱：寺观内用于供品的钱币，一般悬于佛龛之旁或藏于佛像腹中。

佩钱：广义地说也是一种厌胜钱，作为佩戴之用，一般有人名、吉语、官名及各种花纹等。

嘉庆道光年间铸钱成本升高，铜钱明显减重

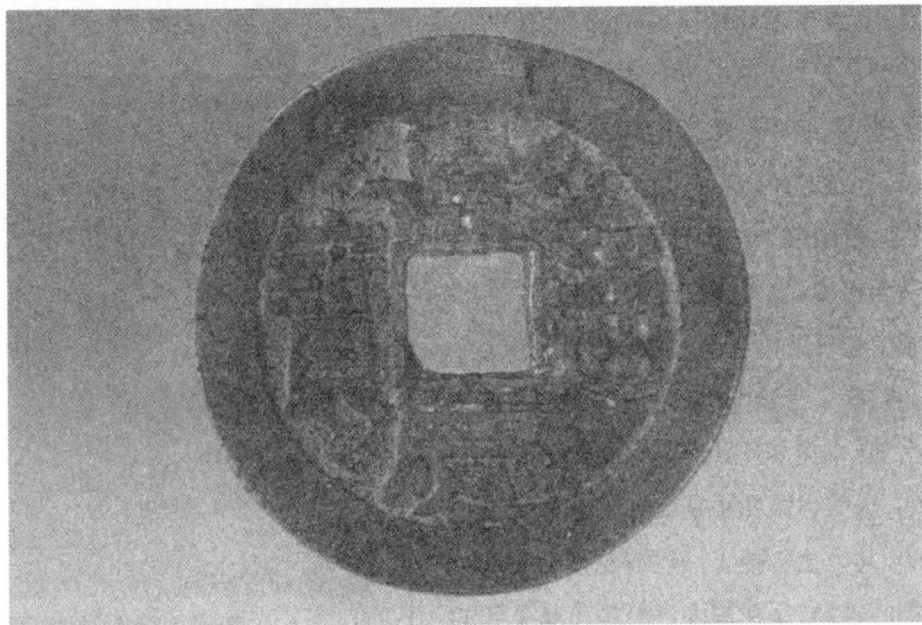

古代钱币

历代的钱币书法多出自名家

撒帐钱：是在婚礼上分发的赏钱。用于婚娶、节日、亲友间互相馈赠、生育以及宫中庆功赏赐的特殊纪念性钱币统称为吉庆赏钱，区别于一般正式流通的钱币。

雕母：铸钱前先用牙、铜、铅、锡、木等材料雕成的第一枚钱币样品，又称雕祖、祖钱。

母钱：一般是由雕母翻铸而成的，翻铸时的作模之钱。

铁范铜：以铁钱为范型翻铸的铜钱。

铁母：铸铁钱的铜质母钱。

钱币上的字体或典雅或雄浑，风格各异

对钱：对品钱。钱文、轮廓、大小、厚薄、铜质等相同，唯独采用不同的书体，但字形笔势仍互相吻合，又称和合钱，始于南唐，盛于两宋。

合背钱：指浇铸时误用两件面范造成正反两面都有相同钱文的钱币。

样钱：初铸及试铸的样板钱。

传形钱：钱文反写，文字地位也随之颠倒的钱币。

挺环钱：铜钱内圈被剪去，只剩下外圈。

剪轮钱：周边被磨去或剪去的钱币。

错范钱：原在左者反在右，原在右者反在左。

七 古代钱币的多样名称

明代洪武通宝

（一）贝

是夏、商、周三代的主要货币，也称为贝货、贝币。贝类动物行动迟缓，容易捕食，而且贝壳不臭不腐，易于长久保存，且外型美丽，小巧玲珑；此外，生活在内陆地区的先人们以狩猎、采集为生，依靠"渔"得到的贝也因其稀少而更加珍贵——因此贝最终能成为币的首选物。一个人拥有贝的多少，也显示了其富有程度和生存能力。人们认定贝的存在是上天的恩赐。选择贝作为钱币，这是对上天的感恩，也是人们对自然界的物质崇拜。

（二）刀

也称刀布、刀币，是春秋晚期到战国时期铸造发行的以刀为形的流通钱币。在许慎《说文解字》中注释为："刀，兵也。"刀，是一种兵器。春秋战国时期，诸侯割据，周室式微。为了争夺财富、人口、土地及对其他诸侯国的支配权，各个诸侯不断进行兼并战争。战争需要武器，重兵锐器更是争霸战争中的必胜法宝。兵器成了威力、权势的象征，自然就成为人们的崇拜物，因此取象其形，铸造了流通钱币。齐国首先铸造刀币，

明代永乐通宝

赵国燕国也是铸行刀币的重要国家。在先秦诸
子的文章中，就有许多关于刀币流通使用的文
字记载，可见其影响之大。刀币兴起于战乱频
繁的春秋战国时期，流通于当时拥有锐器重兵
的赵、燕、齐等诸侯国，充分体现了当时的武
力崇拜意识。齐国的刀币体大厚重，制作精良，
文字一般三至六字，面文字体工整挺秀，上书
"齐法化""即墨之法化"等字。较尖的钱币
被称为尖首刀，铸造较精细，刀身多有简单的
符号和文字。燕国大量铸行的是明刀，此类刀
上都铸有文字，一般被解释为"明"，故曰明刀。
有的明刀刀身背部呈折线状，称磬折刀，磬折刀多制作工艺较差。有的明刀刀身背部呈弧状，称弧背刀或圆折刀。赵国的刀币刀身较直，刀首圆钝，形体轻薄，被称为直刀或圆首刀。此外，还有学者认为，当时中山国和北部少数民族山戎族也曾铸有刀币。

（三）布

"氓之蚩蚩，抱布贸丝"（《诗经卫风氓》），此句中的"布"是春秋战国时期的一种青铜铸币的名称。那时镈是一种重要的生产工具，它的运用，推动了农业的迅速发展，提高了生产力，给以农为生的先民们带来了更多的物质财富。镈被先民们视为生存中足可依赖的圣物，象征

太平天国起义爆发后，清廷为筹措军费大量铸造咸丰重宝

古代钱币

清代铜钱沿用明朝的制度，主要铸行小平钱

了财富。于是用青铜铸造的铸形钱币——"布"就出现了。布币开始铸行大约在西周，在春秋战国时期曾经使用多种形态的布。最早的布币未脱离农具原型，厚重粗糙，其后的布币分为平首布和空首布两大类。空首布相对来说时代较早，大约使用于春秋时期，"空首"是说这种布币的首部"中空"，也就是说上部有一个如铲子般的空穴，可安插木柄。根据布币下部的"足"再来划分，空首布又被分为尖足空首布和弧足空首布两类。弧足空首布的足部向上成弧形，主要流通于河南洛阳一带。尖足空首布两足尖，分为桥足布、方足布、圆足布、尖足布等。桥足布是因两肩上耸，布首长而得名，

古代钱币的多样名称

钱也被称为"孔方兄"

流行于山西晋国故地。方足布足部呈方形,为赵、魏、韩及周王室、燕等地货币。圆足布特点是圆肩、圆足、圆裆,还有的圆足布上有三个孔,被称为三孔布,圆足布应为战国晚期赵国的货币。尖足布足部呈尖角形,是赵国一带的货币。平首布主要流通于战国时期,随着其货币性质的增强,其仿形性简化了,原"空首"的携带不便,且铸造费工费料,所以改为铸平板状、不中空的"平首"形。平首布因为足间形似拱桥之桥洞状而得名,币面文字大多有重量单位,其肩或平或圆,故又名布,是魏国一带的钱币。此外,属布币类的还有魏国的锐角布和楚国的当布等。有的布币分大小三等或二等。布币上多有铭文，或为记重，或为记地，或为记干支、记数。布币的出现表达了先民对劳动和经验的崇拜。

（四）孔方兄

"孔方兄"的语义来源，可追溯至魏晋时期鲁褒的《钱神论》。晋人鲁褒为人正直，他对统治者的奢侈、贪婪深恶痛绝，其著作《钱神论》对金钱在社会生活中的神奇作用以及权势与金钱相结合所产生的世风日下状况进行了辛辣的讽刺和惟妙惟肖的描述：人们对金钱"亲之如兄，字曰孔方。失之则贫弱，得之则富昌"。从此，"孔方兄"和"孔方"成了钱的代名词。如："秦参政把那许亲的心肠冷了五分，也还不曾决绝，只是因看他'孔方兄'的体面，所以割不断这根膻肠。"（明·西周生《醒世姻缘传》第十八回）

（五）圆

也称圆货、圆钱，是战国时期周及韩、赵、魏、秦等国的一种铸币。圆钱应是仿照古代纺轮而来，初始造型为圆孔圆形，后来秦国将圆孔改为方孔。秦王嬴政统

钱币上往往刻有人们追求吉祥如意的文字

一六国后，废除各种币制，内方外圆的圆钱就成为全国统一的钱币。圆孔圆钱最多见的是被认为是秦国铸的"重一两十四铢"和"重一两十二铢"，魏国的"共"字钱、"垣"字钱，以及战国所封的两个小国"西周"和"东周"钱等。方孔圆钱主要有齐国的四化、六化，秦国的半两钱和燕国的明化钱、明四钱、一化钱等。"圆"的本义指天道、天，人间的财富象征——货币以"圆"为名，表达了对天、对天道的崇拜。同时，圆钱的内方表示周正无缺的地，外圆代表天，外圆内方与古人天圆地方的宇宙观相一致，既象征了土地完整无缺，天下统一，又有周正、圆满、和谐、

清朝的钱币，大体是银钱平行本位

古代钱币

运转无穷的吉祥含义，与中华民族传统的崇拜意识互相吻合。

（六）阿堵物

《晋书·王衍传》有这么一个故事：魏晋玄学清谈家的代表人物、西晋名士王衍一向不论世事，标榜清高，耻说金钱，喜谈老庄。他的妻子曾经多次设法逗他说"钱"，都没有成功。有一天晚上，妻子趁王衍熟睡时，叫婢女悄悄把一串串的铜钱围绕着床，堆放在地下，想让王衍醒来，无法下床行走。她以为这样一定能够逼得他说出"钱"字来。没想到第二天早晨，

光绪年间所铸的"光绪通宝"，钱多轻薄不足重

王衍见到此情景，就把婢女唤来，指着床前的钱，说："举却阿堵物（拿走这个东西）。""阿堵物"是当时的口语，意思是"这个东西"。由此，"阿堵物"成了"钱"的别称，并且带有讥讽、轻蔑的意味。

（七）泉

钱币的总别称。又有泉金、泉币、泉布、泉刀、泉货之称。泉是先秦古人期盼财富、金钱的来源如泉流一般的朴素情结的假借称谓：一是取"泉"之流遍之意；二来古人企盼财富如潺潺流水，用之不竭、取之不尽。《辞源》中记载："布，泉也。布，读为宣布之布。其藏曰泉，取名于水泉，其流行无不遍。"因"泉"寄寓了人类企盼财富的最真挚、最朴素的感情，所以这个词汇从先秦一直沿用下来，如："青州从事来偏熟，泉布先生老渐悭"（唐·韦庄《江上题所居》）、"梁代乃置租庸使，专管天下泉货"（《旧五代史·卷一百四十九·职官志》）。现在钱币收藏界将其称为"泉界"，古币收藏爱好者称"泉友"。可见其名称来源的久远。

（八）上清童子

上清童子是古钱的隐名。《太平广记》记载，唐朝贞观年间，岑文本在山亭避暑，

道光通宝

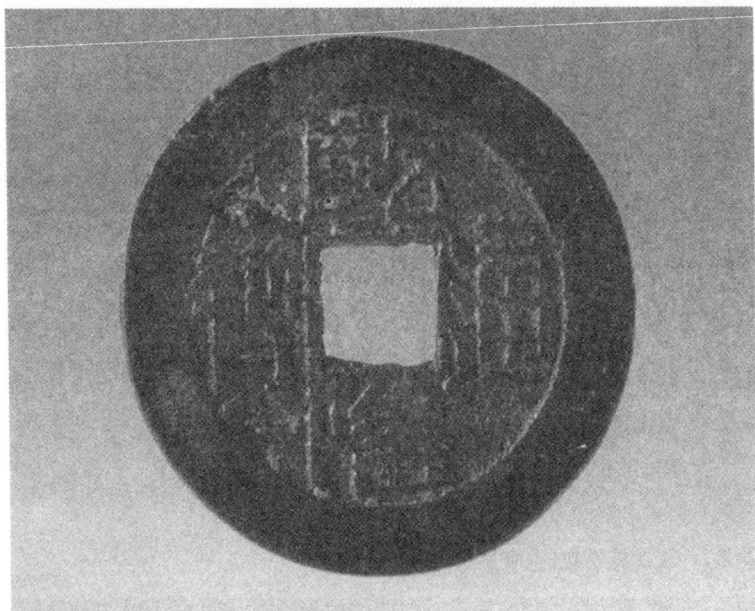

钱币上铭刻着中华民族灿烂的文明

一天午睡刚醒，忽听见敲门声，开门见到一个自称是"上清童子元宝"的年轻道士来访。岑文本向来喜欢道教，与这位道士高谈阔论直到日暮。道士告辞离去，行至院墙下忽然消失。岑文本命令就地挖掘，掘地三尺发现一古墓，墓中只有一枚古钱，方悟"上清童子"为钱币之名，"元宝"为钱之文。自此，人们便把"上清童子"作为钱的雅号了。

（九）青蚨

青蚨亦称为"鱼伯"，是远古时期的一种神虫。一子一母，孩子出门时，母亲将血抹在孩子身上，不管它飞到哪里都能飞回家，飞回

中国的钱币历史十分悠久

古代钱币的多样名称

太平天国铸造的优质钱币受到了欢迎

太平天国钱币

古代钱币

母亲的怀抱。《淮南子·万毕术》"青蚨还钱"记载：这种叫做鱼伯的虫，抓来后，用子虫的血涂满八十一枚硬币，再另取母虫的血涂遍八十一枚硬币，涂完之后，你就可以把涂了母虫血的八十一枚硬币拿去花销，而将涂了子虫血的硬币放在家中，过不久就会惊奇地发现，花掉的钱会很神秘地一个一个地飞回来。这样，人的钱就可以永远花不完。后世称钱为"青蚨"，便是由"青蚨还钱"的典故得来。如："倘有四方明医，善能治疗者，奉谢青蚨十万。"

（明·冯梦龙《警世通言》第三十卷）

（十）邓通

将"邓通"作为"钱"的称呼源于西汉时

太平天国钱币

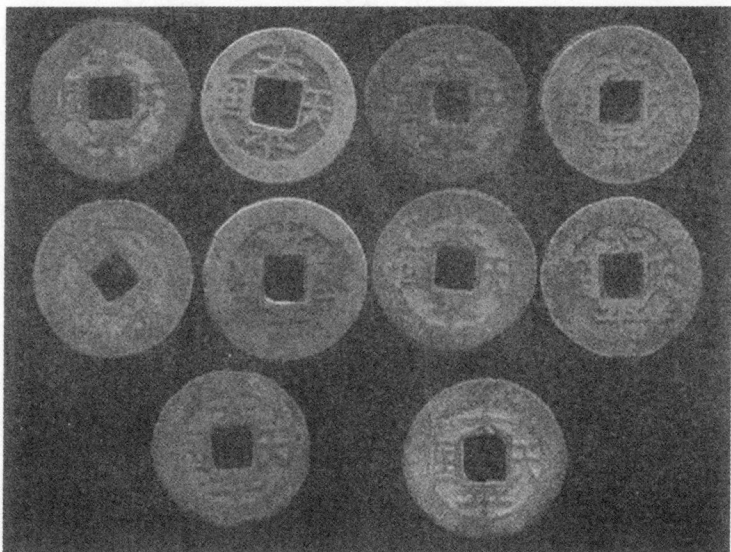

古代钱币的多样名称

广东省造光绪像背双龙寿字银章

期的一个历史故事。据说，邓通乃是汉文帝刘恒的一个宠臣，初为黄头郎，后官居上大夫，文帝对其赏赐无数。有人给邓通相面，说邓通将来会穷饿而死，汉文帝就赐给邓通蜀都严道铜山，并且破例许其铸钱，他以为这样邓通的钱就一辈子花不完了。但汉文帝一死，政治形势变化，邓通最终还是穷饿而死了。因为邓通所铸之钱遍布当时天下，史称"邓氏钱布天下"，所以"邓通"成为钱的别称也是顺理成章之事了，如："富贵必因奸巧得，功名全仗邓通成。"（《金瓶梅》第三十回）

（十一）五铢

铜质币，中有便于穿成串的方孔，每枚重量为五铢，圆形，故称为"五铢钱"。始铸于汉武帝元狩元年（前118年），流通时间较长，直到唐代高祖武德四年才废止。

（十二）契刀

铜质币，形状类似直刃刀，刀柄末端的穿孔是正方形的，居摄二年（7年）西汉王莽摄政时铸造，每枚值五铢钱文。

（十三）错刀

大小形状与契刀完全相同，仍为王莽铸造，刀上镌有"一刀平五千"五字，"一刀"两字是用黄金镶嵌，故又称"金错刀"，每枚值五

清朝金币

铢钱文。

（十四）铁钱

铁质币，始铸于汉代，其后的五代、南北朝、宋代、清代都曾经铸造发行，但因流通不便、体大值小而废止。清代咸丰七年，北京商民就因此而拒绝使用。次年，福建又因钱贱粮贵发生贫民暴动。

（十五）元宝

金质或银质，有秤锤形、马蹄形、两端翘起的小船形和镂头形，镌刻有朝代年号和名称。最早使用这一名称的是唐肃宗乾元元年史思明在洛阳铸造的"顺天元宝"和"得一元宝"。其后有后晋的"天福元宝"，代宗时代的"大历元宝"，南宋的"大宋元宝"，北宋的"淳化元宝"，元代的"中统元宝"，清代的"光绪元宝"等等。各种元宝的重量通常为"两"，两以下称为"锭"，成色各有差别。

（十六）银元

银质圆形币，俗称"花边钱"或"大洋"，明代万历年间（1573—1620 年）从欧洲传入中国。清代道光年间（1821—1850 年），台

大历元宝

湾首先仿制，称作"银饼"。光绪十四年、十五年（1888—1889年）各省纷纷仿造，但仿形制各有不同。宣统二年（1910年）朝廷颁布实行了《币制则例》，规定每枚钱币的重量是七钱二分，含银量为九成。民国初期发行的银元，上面铸造有孙中山先生的半身侧面像。袁世凯称帝时铸造发行的银币，也镌刻有他自己的头像，民间称为"袁大头"。

清朝咸丰元宝

（十七）通宝

铜质币，仍为方孔圆形，直径一厘米左右。唐高祖武德四年废止五铢钱后铸造发行此币，镌刻有"开元通宝"字样。历代沿袭这一传统，如明代的"永乐通宝"，清代的"康熙通宝"，宋代的"宣和通宝"等等。明末，农民起义张献忠就曾铸造"大顺通宝"，李自成也铸造过"永昌通宝"。

（十八）铜元

铜质圆形币，无孔，直径3.5厘米，又称为"铜板"，清代光绪二十六年（1900年）铸造，背面为蟠龙纹，正面镌刻有"光绪元宝"字样，每百文换银元1枚，每枚可以换方孔钱10文，后来因各省滥肆铸造而贬值。宣统年间改铸"大清铜币"作为流通钱币，后废止。

（十九）银角

银质圆形币，又称"毫洋""毫子""小洋"。清光绪十六年（1890 年）铸造发行，面额有二角、五角、五分、一角几种，十角等于银元一元，成色八成。

（二十）交子

我国最早的纸币，北宋初期，四川大户商人嫌铁钱流通不便，值小体大，遂印制纸币代替，称之为"交子"，其性质与存款收据相似，可流通，也可兑现。到仁宗天圣元年，由朝廷正式统一印制发行，一交子等于一贯，即一千文。徽宗崇宁四年（1105 年）改称"钱引"，代替贬值的交子。

（二十一）钞引

南宋高宗绍兴元年发行的纸币。最初属于汇票的性质，渐渐在交易中流通而成为货币。

（二十二）银票

南宋以后用来代替银两的纸币，以"贯"或"文"为单位，始于宋高宗七年（1137 年），

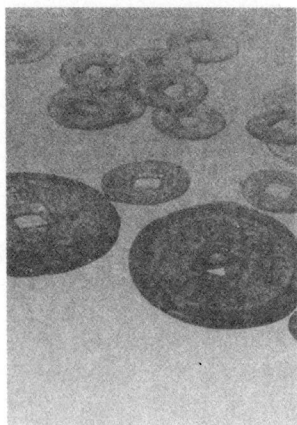

清朝咸丰重宝

古代钱币

清代"宣统元年"五十两银锭

川陕宣抚使吴口在河池（今甘肃徽省）印制发行，称为"便钱会子"或简称为"会子"，面额只有一钱和半钱两种，四钱折合为一贯。绍兴三十年（1160年）由政府统一印制发行，面额有一贯、五百文、三百文、二百文、一百文五种。以后还有元代武宗至大二年（1309年）发行的"至大银钞"和清代咸丰三年（1853年）发行的"户部官票"等。

（二十三）宝钞

元、明、清发行的纸币。元世祖忽必烈中统元年（1260年）发行"中统元宝宝钞"，面额有十文到二贯不等。至元二十四年（1287年）

古代钱币的多样名称

清代"裕顺长号"五十两银锭

又发行了"至元通行宝钞",面额五文到二贯。明代洪武八年(1375年)发行的"大明通行宝钞",流通长达一百年之久。清咸丰三年(1853年)还发行有"大清宝钞"。

（二十四）交钞

金、元两朝仿照宋朝印制发行的纸币,又称作"钞引"。小钞面额有一百、二百、三百、五百、七百五种。大钞面额有一贯、二贯、三贯、五贯、十贯几种。

八　古代金银币的使用

清代"云南大理双茂盛号"金叶子

（一）古代金银货币的使用

白银、黄金因其价值高且外形坚固、美观，材质不易氧化腐蚀，在世界上很早就用来制作贵重的器饰，并且因其可任意分割，价值相对稳定，适于收藏、交换和转让，也很早就用作钱币。在中国，金银用作货币也有着十分久远的历史，《管子》一书中就谈到战国的货币情况："以珠玉为上币，以黄金为中币，以刀布为下币。"在《史记》中也记载着："古者皮币，诸侯以聘享。金有三等，黄金为上，白金为中，赤金为下。"白金即是白银。所以春秋战国时期，金银不仅已进入了货币领域，而且昭示着财富。中国金银币的货币性在一个很长的时期内是不完全的，它们早就被用作支付手段、贮藏手段和世界性货币，但用作货币五项职能中的流通手段和价值尺度的时间就比较晚了。在大量文献中，先秦使用黄金的记录是很多的，主要用于贵族之间的馈赠、朝贡、大额支付、赏赐等。与铜铸币有所不同，中国古代金银币总体而言属于称量货币，需要称重计值，而不是计枚行使，因此在各个时期往往并未被制作成为统一重量、统一形制、统一成色的铸币，很多时候具有货币职能的金银甚至就是以冶炼之后的金银坯料形

清代河南五十两银锭

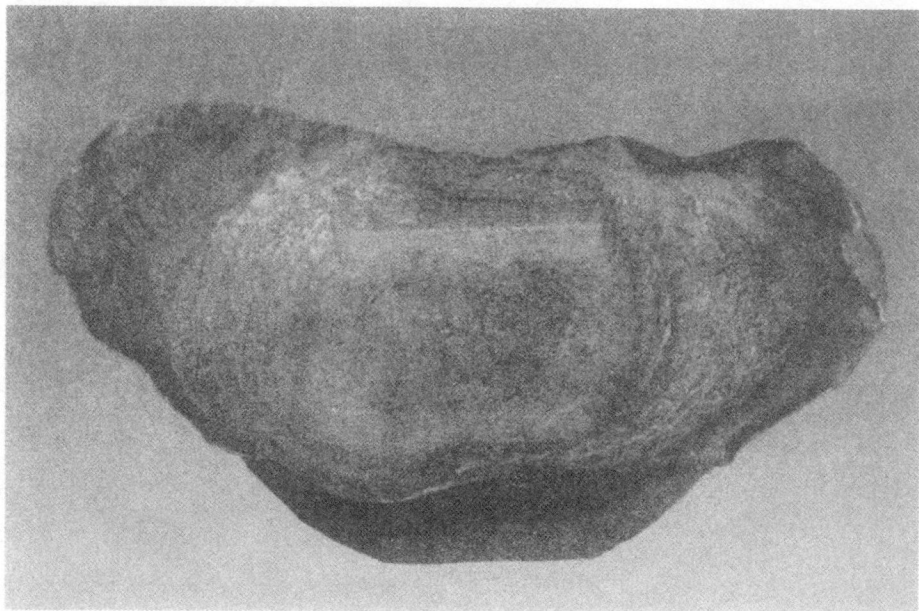

古代金银币的使用

态出现的，如"铤"形、"饼"形之类。那些金银用于货币使用而特意制作的形态——如宋银锭、楚金版等，也不应视为铸币，它们仍然可以切割，需要称重才能进行使用。金银币称重时使用砝码、天平等，先秦衡制单位有的地区用"镒"，合计为20两，有的地区用"斤"，合计为16两；秦王嬴政统一全国后，法定用"镒"；汉代改为"斤"；魏晋以后又用"两"为单位。从古代金银币的使用情况看，秦统一时，法令明定"珠玉龟贝银锡之属为器饰宝藏，不为币"，黄金为上币，铜钱为下币。东汉开始，银始见文献有用于贿赂、赏赐之用。魏晋前后黄金使用一度减弱。唐宋时期，银币的使用有了很大发展，民间也开始使用，特别是银币逐

清代山东五十两银锭

古代钱币

清代山西银锭

渐成为通货。到了宋时银已用来表示物价,元、明统治者虽然限制用银,但事实上是限制不住的。至明代中叶银币正式成为法定货币,确立了银两制度,政府的税收田粮都折合银两后收取,国库开支用银和官俸的支付,实施了钱、银平行流通的制度。与白银在流通领域的发展相对的是,自明中期之后黄金渐渐减少了在流通领域的使用。清朝延续了银、钱并行的货币体制,清时的银币形态变得多样化,并随之产生了许多相关的银货币流通、制造、成色鉴定、兑换等多方面的问题。后来,随着西方货币和金融制度进入中国,银两的使用受到了银铸币特别是银元的大力冲击,

清代上海小刀会会钱

旧式的银币渐渐被近代货币银元等所取代，到 1933 年终于结束了银两制度，旧式的银币退出了货币流通领域。

（二）形形色色的古代金银币

金银币因地域和时代等的不同而具有多种形态，需要分别认识。

1.楚金版

楚金版又称郢爰、爰金、印子金，是战国时楚国的货币。两端凹入，正面排列着一个个阴文的篆书印文，印文多为两字，如陈爰、郢爰、专爰等，因多有"爰"字，所以被称为"爰金"，因以"郢爰"字样者最多，故常以"郢爰"指代这类金币。楚金版被切割、称重使用，是对后世影响很大的金币。

2.银饼、金饼

银饼、金饼是熔炼出金银后形成的圆饼形坯料。银饼应早已有之，但早期银饼尚未发现，所见有唐时用作向官府缴纳庸调的银饼。

金饼背面凹凸不平，正面多有锤打痕迹，中央凹入，边缘略高，金饼上常有记重等刻文，有的还打有戳印。金饼重量不一，大小不等，时代大致在先秦两汉。

3.麟趾金、马蹄金

汉代曾较多地使用麟趾金和马蹄金两种
金币，麟趾金形似瑞兽麒麟的蹄壳，外壁向
上斜收，底圆形，中空，外底光洁，中心微凹。
马蹄金形似马的蹄壳，底椭圆形，外底光洁，
中空，外壁向上斜收，中心微凹。

4.金贝、银布币、银贝

河南扶沟县古城村曾经出土过十几块银
布币，布身长短不一，与先秦铜铸币"空首布"
形态相仿。河北平山县中山国故地墓中出土
有少量银贝、金贝，样子仿照贝币。这三种
东西发现很少，其时代应是先秦，但是否是

清代四川"长安正大天合"十两银锭

古代金银币的使用

清代四川"雷波县"十两银锭

当时金银货币的固有形态，尚无定论。

5.白金三品

汉武帝时期为了解决常年对匈奴用兵而引起的财政紧张问题，曾经用银锡铸造白金三品银币，用以敛财。三品中其一为方形马币，上有马形图案，规定一枚价值五百铜钱；其二为圆形龙币，上有龙形图案，规定一枚价值三千铜钱；其三为椭圆形龟币，上有龟形图案，规定一枚价值三百铜钱。因为这种做法是脱离了银币本身实际价值的，是人为过高定价的"虚币"，因此盗铸十分严重，致使社会上的白金三品真伪莫辨，根本无法流通，不久白金三品即被废止。关于使用白金三品史籍中记载得十分清楚，也是白银被明确作

为法定货币的早期记载，但至今尚未见到被
确认为白金三品的真品。

6.金锭、银锭

唐宋以来，金银，特别是白银在货币流
通领域内作用迅速加大，民间和官府广泛使
用白银。为了适应这一新的变化，就要求其
形态也要变得便于使用和携带，所以锭形发
生变化，趋向小型化、标准化、等级化，逐
步过渡到新的专用于货币领域的形态——锭
形。宋时银锭大致分为三等，小者 12.15 两左
右，中者 25 两左右，大者 50 两左右，形态
也演变成束腰砝码型，锭身保留有铸造时留
下的蜂窝状孔洞。细微差别在于，南宋至元

清代四川"益茂禄"十两银锭

清代四川十两银锭

朝的银锭文字较少，两端呈圆弧状，且多戳模砸印而成。北宋银锭文字较多，两端平直，文字凿刻而成；银锭上的文字多用作记述以及取信之用，如记用途、铸地、年份、重量、制作者和监制者等。金朝于承安年间曾铸造发行"承安宝货"银锭，从一两到十两分为五等，虽然"承安宝货"只使用了不长的时间，但它是中国古代银两制中出现的向计枚行使的银铸币发展的一个值得注意的方向。"元宝"一词原曾经用于铜钱的称谓，如"得宜元宝""大历元宝""淳化元宝"等。元朝的银锭、金锭也称为"元宝"，有些银锭上还自铭"元宝"字样。"元宝"意为"元朝的宝货"，时间一久，"元宝"二字就成为

台湾銀條
福 千足純條
京都 台湾金條 福源足赤九二

9999
5000

金银锭，特别是后来两端起翘金银锭的俗称了。

7.银铤、金铤

历史上有许多银铤、金铤之说，据东汉许慎注《淮南子》所记载："铤者金银铜等未成器铸作片，名曰铤。"那么铤也像金饼一样是尚未做成器物之前的金银坯料，既可用以进一步加工成金银器，又因其本身是贵金属，也可直接用作大宗支付和宝藏等。其形态呈直、长、薄的条形。铸后两面经过锤锻，显得更加光滑平整，上面多有手工雕刻的文字。金、银铤最迟在汉代已经产生，宋元之际在货币领域内渐渐被金银锭所取代。南宋境内还有一种制作比较精致、美丽的小金铤，较薄，"铤各长三寸，阔如巨指"，上有"出门""十分金"等戳印，分为两等，分别约重宋制官秤半两、一两，这种小金铤应该是作为货币铸造的，而不是坯料一类。

8.金牌、银条

与南宋境内小型金铤一起出现的是一种金牌，薄片状，长方形，上亦砸印有铭文，注明成色和制作地点铺号等，略似截取小金铤一截而成。金牌分为两等，分别重宋制官

清代天下太平背福寿大型手雕花钱

清代天下太平背福寿大型手雕花钱

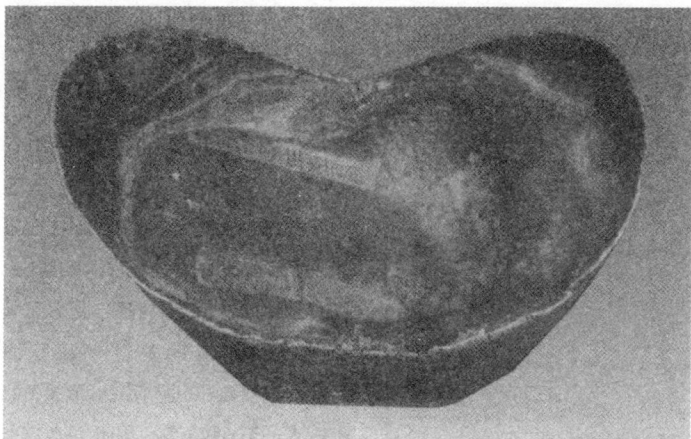

清代五十两银锭

秤一钱和一钱半。宋代并有一类小银条，重三十克上下，长七十毫米左右，应是承继条状铤银演化而成的，正背面皆铸刻有文字，注明用途及制作时间。

9.银钱、金钱

银钱、金钱是用银、金按方孔圆钱形制铸造而成的。汉代即见有金五铢钱，银钱、金钱后代续有制作，唐宋时制作更多。其制作有仿流通钱而加以改造者，如"天启通宝"背"金·五钱"、"淳化通宝"背佛像钱；有仿照流通铜钱的，如"开元通宝"银钱、金钱；有上铸吉语，如"天下太平""福宁万寿"的；有上铸重量、制作者、用途，如"太平天国""矿银"的。金银钱不是流通货币，而是被用作馈赠、赏赐、首饰、庆典纪念、避邪

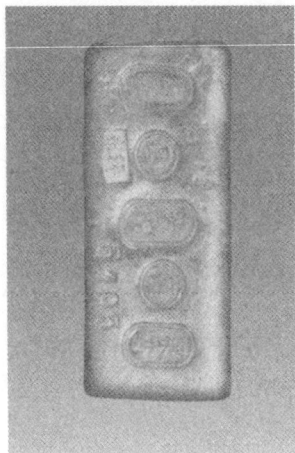

"鸿兴永足赤"一两金锭

"晋茂足赤"五两金条

祈福、供养寺庙、随葬及上供税银等。

10.实行银两制后的银币

明中叶后期确立了银两制度，白银大量在社会经济生活中流通使用。流通使用的白银大体分为四种：一是中锭，重约十两，多为锤形，也有作马蹄形的小元宝；二是元宝银，又叫马蹄银、宝银，重五十两；三是散碎银子，多在一两以下。四是小锞，或叫锞子，也叫小锭，形状类似馒头，重一至五两不等。因明、清政府未就白银的成色、形制、称量白银的秤的标准作出规定，所以各地私炉、官炉生产的银币的名称、形状、成色、重量各有特点，非常复杂。就形状别之，就有圆形、元宝形、砝码形、长方形、方形、牌坊形等。总之，中国古代的金银币异彩纷呈，是中国传统货币文化的重要组成部分。

总之，中国地域广大，古代钱币跨越了几千年的历史，货币流通和铸造遍地开花，形式多样，种类繁多，真是难以尽述。它们在演绎中国古代货币灿烂文化的同时，对各朝商品流通、社会经济发展都起了不同程度的作用。其地位之高、意义之大，堪称世界货币发展史上的一朵奇葩。

九　古代钱币的历史影响

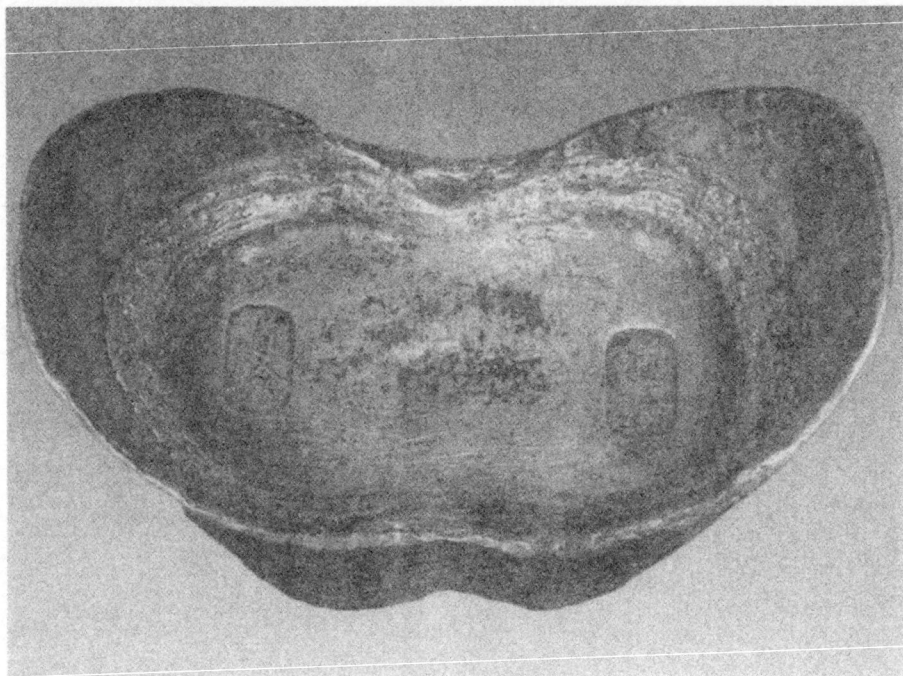

清代新疆"道验"五十两银锭

中国古钱币极大地影响了周围邻国地区，比如朝鲜、日本、越南等地区和国家，使这些地区也大量仿铸汉式方孔钱，形制也几乎与中国钱币一样，而且还通过贸易，流播到中亚、印度、东非、波斯湾等地。东南亚各国铸造的钱币由于受到中国钱币文化的影响，其钱币名称大都沿用中国唐代始创的"通宝"这一名称，钱币直接采用当代帝皇的年号来命名，其中虽然有名目繁多的"泉宝""元宝""重宝""珍宝""兴宝""之宝""永宝""安宝""全宝""新宝""洪宝""封宝""万宝""正宝""至宝"和"通宝"

等多种名称，但是，所有钱币都带有"宝"名，这就是东南亚钱币受到中国古代钱币文化影响的具体表现。如日本著名的钱币"皇朝十二钱"中，除了"延喜"和"万年"二钱采用"通宝"名称外，有采用"永宝"者二枚，有采用"开宝"者一枚，有采用"神宝"者两枚，采用"大宝"者三枚，采用"昌宝"者一枚。日本在桃山时代铸造过四种年号钱，都采用了"通宝"名称，依次为"天正""文禄""绍圣""永乐"，其中除了"绍圣"钱名称是"元宝"外，其他的都为"通宝"名称。特别需要指出的是，为了对外贸易的需求，从江户时期开始，日本铸造了完全与中国方孔圆钱一致的钱币，如北宋"元祐""祥符""治平""熙宁""景德"和"元丰"钱等，以及明代"永乐"和"洪武"等钱。日本宽永时期是日本钱币发展的辉煌时期，从宽永十三年德川幕府铸造"宽永"钱开始，其后各代都曾大量铸造。年号虽然都是"宽永"，但是其材质不一、版式繁多、种类丰富、大小不同，除了普通的光背钱之外，还有大量的纪号、纪地、纪年等钱币。日本《东亚泉志》一书收录有"宽永通宝"版式百

清代雍正通宝宝泉局小平大样雕母

清代雍正通宝宝泉局小平大样雕母

古代钱币的历史影响

"顺昌财来"金叶子

"广州恒和金库加炼足金"
一两金饼

余种之多，其中有岛屋钱、文字钱、耳白钱、获元钱、深川钱、七条钱、鸟羽钱、难波钱、伏见钱、小字钱、秋田钱、若山钱、膳所钱、川字钱、藤泽钱、加岛钱、押上钱、元字钱、足字钱、因幡钱、长字钱、四年钱、一字钱、久字钱、千字钱、四当钱、享保佐字、正德佐字、安永佐字、元文佐字、享保仙字、寂光寺钱、元文仙字、千字铁钱、邑井户铁钱、真谕元字钱、元文邑井户钱等等，其品种十分繁杂，无法俱录。

10世纪以前，中国的方孔圆钱多冠以"重宝"或"元宝""通宝"等名称，但是，越南丁部领铸造的"大平兴宝"钱，则采用"兴宝"名称，确实为越南的首创。"兴宝"即具有祝福"大瞿越"国运昌盛、万世太平的含义，又有别于中国传统的"通宝"名称，该钱在越南货币发展史上占据着极为重要的地位。其中最为丰富的是越南黎显宗时期所铸造的"景兴通宝"钱。景兴钱最具特色，它制造量大，版别丰富，流通广泛，种类繁多。丁福保的《古钱大辞典》（拾遗）载有多种钱文，即景兴"通宝""大宝""巨宝""至宝""太宝""内宝""中宝""重宝""正宝""永宝""泉宝""之宝""宋宝""用

宝""宣宝""求宝""顺宝""庭宝""总
宝""行宝"等二十余种。此外，还有光
背钱，背加铸星月纹、纪数字、干支纪年
等多种形式的钱币，记录了越南钱币中的
中国文化内蕴。

　　日本钱币的文字源于中国的汉字，
著名的"皇朝十二钱"中的十二枚钱
币，其钱文全部使用中国的汉字，钱文
的写法为标准的中国隶书。十二钱中的
"宝""开""通"三字，几乎与唐代"开
元通宝"钱中的文字出自一辙。自"长年

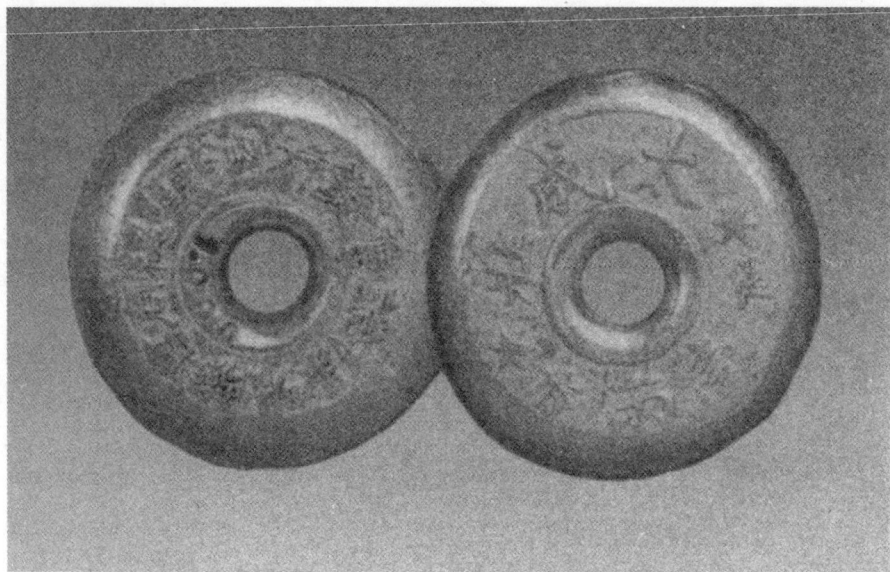

"汕头大成状足赤"一两金饼

"沈阳东经足赤"二两金锭

大宝"钱以后，书体逐渐演变成为隶楷结合的一种风格。桃山时期制造的"绍圣元宝"钱，书法仿照北宋时期的绍圣钱，但是在以后制造的"永乐通宝"钱，不但文字渐趋粗劣，而且直径也变小了。总之日本制造的方孔圆钱，无一例不是采用中国的汉字作为钱文的。

此外，泰国、越南、朝鲜、缅甸等国家制造的钱币，也多采用中国汉字作为钱文。东南亚各国铸造的钱币，由于受地区习俗、民风的影响，钱币文字多采用本民族文字。

古代钱币